林 良

LIN
LIANG

余 辉 编著

南方传媒 岭南美術出版社

中国·广州

图书在版编目（CIP）数据

　　林良 / 余辉编著. -- 2版. -- 广州：岭南美术出版社，2025.4
　　（岭南画库）
　　ISBN 978-7-5362-7981-0

　　Ⅰ.①林… Ⅱ.①余… Ⅲ.①林良（约1416-约1480）－生平事迹②中国画－绘画评论－中国－明代 Ⅳ.①K825.72②J205.2

　　中国国家版本馆CIP数据核字(2024)第048801号

出 版 人：刘子如
策划编辑：刘一行　翁少敏
责任编辑：翁少敏　徐　凯　余梓麒
责任技编：谢　芸
责任校对：杨　靖
印章篆刻：梁晓庄
装帧设计：紫上视觉　刁俊锋　黄隽琳
内文排版：友间文化

林良
LIN LIANG

出版、总发行：岭南美术出版社（网址：www. lnysw. net）
　　　　　　　　（广州市天河区海安路19号14楼　邮编：510627）
经　　　销：全国新华书店
印　　　刷：雅昌文化（集团）有限公司
版　　　次：2025年4月第2版
印　　　次：2025年4月第1次印刷
开　　　本：889 mm×1194 mm　1/16
印　　　张：7.5
字　　　数：40千字
印　　　数：1—1000册
ISBN 978-7-5362-7981-0

定　　　价：156.00元

总序

刘斯奋

广东绘画，源远流长。唐代的张询、宋代的白玉蟾，开创了广东绘画的先河。自此以后，人才辈出。明代早期的颜宗及宫廷画家林良、何浩等，承继宋元遗韵，享誉主流画坛；明末至清早期，广东画坛名家云集，各擅胜场：袁登道的米氏云烟山水，张穆的鹰马，高俨、赖镜、李果吉、汪后来的山水，伍瑞隆、赵焞夫的水墨花卉，彭睿壦的兰竹等，不仅在岭南画坛交相辉映，即使在中国画史上，也享有很高声誉。清代乾隆、嘉庆以后，广东涌现出一个文人画家群，如黎简、谢兰生、甘天宠、冯敏昌、张锦芳、吴荣光、黄丹书、梁蔼如等，多以诗书画"三绝"著称，其画作融合文人纵逸不羁意趣，达到很高境界。道光、咸丰年间的苏六朋、苏仁山则以人物画奇峰突起，开创了岭南绘画的新篇章。

清末民初，以居巢、居廉为主流的花鸟画家，代表了这一时期岭南绘画的最高成就。居廉的弟子高剑父、陈树人及高氏胞弟高奇峰等创立了融合中西的"岭南画派"，以崭新面目崛起于画坛，引起强烈反响。他们的传人如关山月、黎雄才、赵少昂、杨善深等人薪火相继，影响一直延续至今。与此同时，以"国画研究会"为主体的一批画家，如潘龢、赵浩公、姚栗若、黄般若、邓芬、李耀屏、卢镇寰、黄君璧、黄少梅、张谷雏、何冠五、卢子枢等，以守护传统为己任，与"岭南画派"分庭抗礼，使此一时期出现了争鸣互动的活跃局面。

作为曾经唯一的对外通商口岸，广东很早就受到西方绘画影响。晚清时期，广东的外销画是我国美术史上一道奇异的风景，至今具有重要的认识价值。与此同时，一批画人远赴海外，学习西洋技法，成为中国早期油画的先驱，李铁夫、陈抱一、李超士、冯钢百、谭华牧、关金鳌、胡根天、司徒乔、吴子复、王道源、李秉、余本、陈福善、杨秋人、王少陵、赵兽、梁锡鸿、苏天赐等便是其中的佼佼者。

广东也是中国现代版画、漫画、水彩画的发祥地之一。受时代潮流影响推动，涌现出一大批名家，廖冰兄、谢海若、赖少其、罗清桢、李桦、梅健鹰、胡一川、陈卓坤、陈烟桥、杨讷维、胡其藻、顾鸿干、唐英伟、张在民、张影、罗映球、黄新波、古元、荒烟、王立、周金海、温涛、梁永泰、张慧、王肇民、陈望、余所亚等创作了一大批直面现实、反映社会变革的美术作品，其意义已超越作品本身。

今逢民族振兴，国运昌隆。文化建设已被提上重要位置。广东人文艺术研究会本着弘扬优秀传统文化、鉴古以开今的愿望和宗旨，在中共广东省委宣传部及广东省文学艺术界联合会的指导和支持下，遂有编纂《岭南画库》之举——按照岭南绘画发展的历史脉络，挑选出不同时期具有代表性的画家和作品，并约请相关专家、学者进行深入研究，以图文并举的方式陆续加以出版，以期为广大读者了解岭南绘画的发展及其成就提供较全面的展示和参考。

为乡邦整理文献，我们深感责任非轻；面对全新的尝试，我们尤其觉得经验缺乏。为着把这套大型丛书尽可能编纂得严谨周详一些，庶几稍减来者之讥，竭诚期待方家识者不断提出改进意见。

2011年1月5日 于广州

编者说明

　　《岭南画库》系列丛书，旨在以个案集成的形式对广东绘画史进行系统的梳理、呈现。目前梳理范围由明至20世纪，并不断查漏补缺。丛书涉及古代、近现代乃至当代的艺术家，包括但不限于中国画、油画、水彩画、漫画、版画等画种。由于各时代文风与出版规范不同，各画种分类定义亦未能统一，因此，本次编纂出版，我们对相关内容进行了一些技术处理，并对相关问题加以说明。兹胪列如下：

　　一、丛书正文引文、附录文章原文若为繁体的，则按现行出版规范转为简体。若书中人名含有繁体字、异体字，则保留学界惯用名称，不作改动。

　　二、本书尽可能在图录与附录中标注详细作品信息（部分册页、系列作品的相同作品信息有省略），正文插图作品信息从简。若作者提供的作品信息相较于本书体例更为详尽，本书亦尽可能保留。

　　三、本书附录文集收录了艺术家生前所撰文章及与艺术家相关的评述文章。为保留原文的文献性，除修改原文明显的字符错漏外，其余均不作改动。

　　四、若上述文章涉及古文通假字、近现代语词等与现行出版规范不尽相同的情况，则保留原字词（或加双引号），并在字词后加括号订正，必要时以本面注形式作补充说明。

　　五、本书附录的"存世作品知见录"主要收录艺术家现存馆藏作品及流传有序的私人藏品。"作品目录"主要收录艺术家曾面世的作品（有出处但无原件留存）。对于部分存在争议的作品，本书以"署款""款""传"等形式加以区分。"艺术评论选编"部分，若有发现同时代关于画家的艺术评论文章，则选辑，无则取消。

　　六、鉴于部分艺术品已进入国家文物登记管理系统，尽管其作品信息未符合现行出版规范与本书体例，仍不作改动。由于不同出处的作品信息著录方式不尽相同，对于不同出处的相似说法，本书尽量不作改动。

　　七、部分信息经作者、编者根据书中同类作品信息进行调整后，仍有缺失未能完善，该部分工作将在日后《岭南画库》数据库的建设及丛书的再版过程中不断完善；由于本书篇幅所限，未收录的作品、文献，亦将收录至日后的《岭南画库》数据库中。

内容提要

　　本书通过可靠的画史文献和相关传世作品，在前人的研究基础上，进一步查证了明代宫廷画家林良的生平行状，剖析了产生林良其人其画的诸多社会因素，特别是历史文化背景，从粤文化、官宦文化和宫廷文化的角度对林良的艺术特性进行宏观定位和微观探究。如分析其文化成因和艺术类型，鉴定他的一批传世作品，厘清15世纪宫廷花鸟画的派系脉络及其艺术影响，并揭示被尘封百年的艺术史实，使林良在中国古代艺术史的形象更加具体和鲜明。

　　林良，字以善，南海（今属广东佛山）扶南堡人氏，出生于约1428年，卒于约1494年，他历经明宣宗至孝宗六朝，其艺术高峰形成于15世纪中后期。他出生于一个较有地位的殷实之家，早年有机会师法名宦颜宗的山水、何寅的人物和边景昭的工笔花鸟。林良曾在广东布政使司充当奏差小吏，在向朝廷呈递公文的途中和在京师期间大开了艺术眼界。他曾在布政使司里当众向布政使陈金展示画艺，赢得衙署内的喝彩，此后画名日显。成化年间（1465—1487），林良经举荐入朝，相继供职于工部下的营缮所和锦衣卫。锦衣卫由皇帝心腹统领，奉诏直接干预诉讼，掌管刑狱，具有侦办一切官员和巡察缉捕之权。锦衣卫画家负责绘制御用的教化之图、帝后肖像画和宗教绘画，同时还要完成锦衣卫画家特有的密差。林良官至锦衣卫指挥（三品），达到了古代宫廷画家的最高地位，这与他在锦衣卫里建有奇功不无关系。他大约在晚年退居故里，终老在七十以内。

　　林良擅用水墨作大写意花鸟画，为明宫画坛之翘楚，堪称"粤画之祖"。他的出现与元初南宋宫廷遗民画家在广东的艺术传播有一定的脉络联系，也是明代前期广东沿海地区渐趋发达的社会经济和商业贸易的必然结果，此后的粤籍画家层出不穷，仅明代就达七十六位之多，改变了明以前广东鲜有画家活动的局面。

　　林良的个性鲜明强烈、坦直张扬，从他粗放雄劲的画风中可以得到印证。他将自己的艺术才华无拘无束地发挥到极致。林良的花鸟画远承宋代院体的布局程式，受"马家"影响尤多，他横接浙派的树石笔墨，上继范暹、下启吕纪等明代写意花鸟画家，在宫内外传人颇多，形成了名震朝野的"善东派"，终于使水墨大写意花鸟画在宫中登上了正统地位。林良的画艺传子林郊，而他在往返京粤的途中对江南写意花鸟画也产生了积极的交互影响，在沿线的南京、常熟、绍兴、余姚、临海等地均有传人，并影响了明代宫廷花鸟画的艺术格局，甚至对明代中后期乃至清代的文人意笔起到了重要的催生作用，在明代唐寅、陈道复、周之冕、徐渭，清代李鱓等文人的花鸟画中，均可以看到林良不同程度的笔墨影响。

林良的花鸟画可分为前期和中后期。前期是指林良在广东任奏差期间的画作，笔法较为冲和清淡；中后期是指林良在成化至弘治初年（1465—约1488）的绘画活动，其间画家的笔墨受浙派的树石影响，行笔粗重而老到、强烈而沉稳，名款的写法已固定成鲜明的特色，风格亦日益成熟。他画枝干的手法有多种，如淡墨法、勾皴并用法、皴笔法、粗笔浓墨法和双钩法等。其绘画主体十分突出，禽鸟结构与笔墨相合，它们多有情感：惊恐、凶贪、得意、英武、温存、悠闲等，竭尽人间势态。林良在承接五代南唐郭乾晖捉勒题材和宋代院体的基础上，以水墨写意表现鹰鹊相遇的惊险场面，更生动、更强烈地揭示了肃杀、残酷的动物世界，有着较强的视觉震撼力和冲击力。林良在锦衣卫供职长达二十年左右，切身体味到人世间阴惨森恐的搏杀一面，对弱肉强食的情景必定有着不同于常人的深刻感悟。

在林良众多的传世作品中，与吕纪之作相比，不难发现《山茶白羽图》轴（上海博物馆藏）是林良与吕纪的合作之笔。重要的是，《秋鹰图》轴（台北故宫博物院藏）、《双鹰图》轴、《芦雁图》轴、《灌木集禽图》卷、《雪景双雉图》轴（北京故宫博物院藏）、《芦雪双雁》轴（烟台市博物馆藏）、《松鹤图》轴（广东省博物馆藏）、《禽鸟图》卷（吉林省博物院藏）、《凤凰图》轴（日本京都相国寺藏）等数十件名作是鉴定其真伪之作的重要标尺。

林良的绘画艺术代表了明代中期官宦阶层的审美好尚。在明代初、中期，由于受到明太祖朱元璋、明成祖朱棣专制与集权主义的影响，宫廷绘画的审美好尚已完全不像宋代的官宦文化那样优雅闲适，而是充满了激越和强悍。林良的花鸟画正是迎合这种审美意识的产物，融汇了官宦文化、文人文化和艺匠文化的特质。他一开始研习绘画时就接触的广东官宦文化，对林良构成了终生的审美影响。从多方面来看，林良还具有一些文人画家的基本要素，他的画业远祖是文人画家文同。他长于写诗，与何经等内廷文士多有交酬，他以草书入画，其传人多有文人气息，并影响到文人画家。林良的花鸟画既有文人画讲求意境和笔墨的一面，又有艺匠画家刻意于造型与技艺的一面，其绘画语言介于艺匠画和文人画之间，笔者称之为"亚文人画"，这种因包容而产生复合性的艺术特质是典型的粤文化的产物。因此，应当将林良的花鸟画置于粤文化和文人文化、官宦文化乃至宫廷文化的交互影响中来认识、研究。同时，这对于研究粤文化的形成和发展有着积极的重要意义。

目录

林良研究

引 言

明代林良堪称"粤画之祖"，研究林良是中国古代绘画史不可或缺的重要课题。对林良的研究，起于清代中期，到20世纪后半叶，林良之作日渐受到爱好者的欣赏和学界的关注。当今，进一步认知林良其人其作，必然会出现许多新的研究命题：林良出生于一个什么样的家庭？明代以前的广东画家寥若晨星，至林良的时代，画家辈出，并有多人供奉内廷，是什么原因促使岭南画坛在明代凸显而至今不衰？善东派几乎是被绘画史淡忘的流派，林良的花鸟画与善东派是什么关系？在宫中花鸟画坛起到什么艺术作用？林良在往返京粤的路途中给江南的花鸟画艺术带来什么样的交互影响？这涉及重新对林良进行艺术定位。

有意味的是，今天，林良赴京路线上的许多博物馆均藏有林良的作品，林良的传世之作有八十多幅，其中一些画作的真伪还有值得探讨的空间。林良本是广东布政使司里的一个奏差小吏，最后成为中国古代绘画史中品阶最高的宫廷职业画家（三品），是什么原因使他获得如此殊荣？难道他在锦衣卫里仅仅是一个花鸟画家吗？

除了赏析林良的作品之外，以上诸项问题也是认知其人其画及其生成背景的关键所在，但由于有关林良的文献材料少之又少，因而上述问题未能引起足够的重视。还有一个宏观的问题是，要把对林良的研究置于粤文化之中，林良的艺术是明代广东文化在绘画中显现出的精粹，其与粤文化的发展有着休戚相关的必然联系。

不妨说：林良有他独具的艺术经历，有他独到的绘画风格，更有他独特的艺术影响。

林良生平事略

林良，字以善，其名和字出自《说文·富部》："良，善也。"饰以"以"字，谓为善。由此可推知林良出生于一个十分注重德行的家庭，从他早年能跟当地高层官宦、名家学画的经历来看，其家境必定殷实，且有一定的政治地位。

林良是南海（今属广东佛山）扶南堡人氏，近年，当地从事地方志研究的专家将林良的祖籍进一步圈定在扶南堡大沥镇的奇槎村，其依据是该古村的林姓是开村家族，可备一说，以便于进一步考证。

关于林良的生卒年，有三种观点，其一是词典说：即约1416—约1480[1]；其二是故里说：即约1428—1488[2]；其三是单国强说：即约1428—1494前[3]。林良在广东布政使司任职奏差大约是在成化（1465—1487）之前，如果林良约出生于1416年，他的家庭有一定的社会地位，不至于快五十岁还为吏卒，奔波于京粤之间；再则，林良晚年退休回乡（详见后文考略），按明朝官员的退休年龄一般在六十岁，故推定林良大约卒于1494年之前，林良的生卒年可从单国强说。林良一生历经了明宣宗至孝宗六朝，几乎横跨明代初期、中期，即15世纪。

林良聪颖早发，早年多得贵人相助。他年少时师从的第一个画家是同乡颜宗。颜宗（1393—约1454）是永乐二十一年（1423）的举人，正统十三年（1448）为福建邵武知县，景泰二年（1451）入朝任兵部车驾司郎中，三年后官至兵部员外郎。颜宗在邵武任上有政声，备义仓赈灾，用智捉拿逃匿凶犯等。[4]颜宗长于山水，其画初宗黄公望，后师李成、郭熙，融北派山水画的全景式构图形式和江南文人的笔墨为一体，如他的《湖山平远图》卷（广东省博物馆藏）则具有一定的文人气息。估计颜宗在福建邵武任职的1448年之前，林良在广州有机缘拜他为师。当林良到宫廷任职时，兵部员外郎颜宗已经离世。林良十分敬畏颜宗，"曰颜老天趣，不可及也"[5]。颜宗"善画山水为世所重一时名画若林良尤逊之"[6]。也许是林良感到此生画山水已无法超越其师颜宗，故不再专事山水。不过，从他画中的树石配景来看，他对山水画还是用过心的。

林良师从的第二个画家是何寅。何寅是永乐十八年（1420）的举人，广州知府，善画人物。[7]林良的人物画作品今不得见，但何寅传授给他的人物画技艺对林良后来在锦衣卫的仕宦机遇起到了相当大的作用。

林良师从的第三个画家是边景昭。边景昭，字文进，一作名文进，字景昭，沙县（今属福建）人，一作陇西（今属甘肃）人，实为远祖籍之地。永乐年间（1403—1424）为武英殿待诏，宣德年间（1426—1435）尚在。林良只有在任奏差期间有机会在京师与边景昭相识，他通过研习明初宫廷画家边景昭的工笔花鸟画，上探五代西蜀黄筌的富贵画风，很可能是边景昭宫廷画师的生涯影响了林良对今后生活道路和艺术发展的选择。可见，林良初学花鸟画是从工笔起步的。遗憾的是，林良的工笔花鸟画作几乎没有流传下来。

此后的林良并未在山水画和人物画方面显露出才华，而是通过研习山水和人物通晓画理和画法，独辟蹊径，举一反三，攻画花鸟。他"能作翎毛，有巧思，始未知奇也"[8]，在翎毛类题材中以画苍鹰、凤凰、仙鹤和大雁为多，其

[1] 邵洛羊：《中国美术大辞典》，上海辞书出版社，2002年，第102页。

[2] 谢文勇：《广东画人录》，广州美术馆，1996年，第211页。该书将林良卒年印错为1888年，实为1488年。

[3] 单国强：《中国巨匠美术丛书·林良》，文物出版社，1998年，第2—3页。

[4] 彭蕴灿：《历代画史汇传》，《中国书画全书》（十一），上海书画出版社，1997年，第195页。

[5] 黄佐：《广州府志》卷五十九，嘉靖本。

[6] 冯津：《历代画家姓氏便览》，《中国书画全书》（十一），上海书画出版社，1997年，第28页。

[7] 黄佐：《广东通志》卷七十《杂事下·补遗·颜主事画》，嘉靖二十九年刻本。

[8] 黄佐：《广州府志》卷五十九，嘉靖本。

图一　西华门是距离武英殿最近的城门，是林良入直武英殿的必经之门。

图二　武英殿大门

中尤以画猛禽捉勒题材（如雄鹰捕鸟雀）最为擅长，其他配景之物如墨竹、坡石、松木等以及蒲草、芦花等湿地植物无不擅，他还能作"水墨虾蟹，尤生动可爱" ❶。但他秘不示人，直到他无奈的时刻，在布政使司里偶露一手，这一下，竟然改变了他的一生。

据明代黄佐《广州府志》卷五十九载，景泰六年至天顺元年（1455—1457），布政使司里的最高首领是布政使陈金，黄佐说陈金是正统十二年（1447）的丁卯科进士。 ❷有一天，陈金借了一些名画来欣赏，林良在一旁指出这些画的诸多弊处，这引起了陈金的愤懑，他要鞭打林良，林良自称善画，陈金责令他当堂一试，林良画毕，陈金惊叹不已。这件事很快在官宦、士绅间传扬开了。据《明实录》载，陈金为成化八年（1472）进士，曾任两广总督军务，没有任布政使的记录，他官至少保兼太子太保、都察院左都御史，嘉靖八年（1529）卒，此陈金较黄佐所记述的陈金差不多晚近三十年，查历史上广州官员没有出现两个陈金，疑黄佐笔下的陈金为他人。

颜宗、何寅善画，林良还曾为惠州同知林某作画，❸一方面可见闽粤画界多有官员涉足，另一方面亦可知林良与广东的地方官过从甚密。这说明林良从艺一开始接触的就是地方官吏，使他渐渐深谙官宦们的审美趣味。

林良时常奉命到京师朝廷通政司上报公文，其善画的特长自然会传播到内廷，大约在成化年间（1465—1487），年约三十有几的林良经举荐，入了明宫，开始他长达约二十年的宫廷画家生涯。他初调入工部任营缮所丞，❹营缮所是洪武二十五年（1392）设置的将作机构，隶属于工部，经管木工和漆工、彩绘等活计，在营缮所里，丞系正九品，位在所正、所副之下。其实，林良未必在那里侍奉，他入直仁智殿（位于今故宫武英殿后面的空地），林良在仁智

❶ 徐沁：《明画录》卷六，《中国书画全书》（十），上海书画出版社，1996年，第26页。

❷ 《明实录》卷一百零三。

❸ 汪兆镛：《岭南画征略》卷一，1928年铅印本。

❹ 林良入宫的时间可从单国强说，出处见《中国巨匠美术丛书·林良》，文物出版社，1998年。

图三　武英殿内曾是侍奉于此的锦衣卫画家作画的地方

殿里作画成了当时明宫的一景："……仁智殿前开画院，岁费鹅溪千匹绢。丹青水墨各争能，谁似羊城林以善……"❶不太久，明廷将他的营缮所丞迁为锦衣卫镇抚（五品），在锦衣卫里，林良官运亨通，直至官锦衣卫指挥（三品），其官阶之高，为画史所鲜见。在这期间，他必定有条件饱览了明内府及臣子们的历代书画收藏，大大开阔了他的艺术视野。

　　粤港澳一带存有一些林良十分老到、成熟的花鸟画作品，应当是他的晚期之作。明代官员的退休年龄通常在六十岁，林良很可能是在晚年退休后返回了故里，并继续他的绘画创作活动，直至亡故，其寿在七十以内。其晚年看来比他的后继者吕纪要好得多，有道是："吕纪白首金炉边，日暮回家无酒钱。"❷

　　林良有一子名郊，字子达，他继承家学，"擅水墨翎毛，弘治七年（1494）诏选天下画士，郊中第一，授锦衣卫镇抚直武英殿。弘治十七年（1504）致仕。有都亭咏别序，士大夫赋诗甚众"❸。《石渠宝笈·初编》卷八著录有他的画《芦雁图》轴，无款，钤印"南海林郊"。据《广东画人录》载，张君实藏有林郊的《花鸟图》，"画苍鹰杂树，林郊钤署，仿效林良笔致"❹。

　　值得注意的是，在清宫的藏品里，只有林良的两件画迹：《秋塘双雁图》轴和《画鹰》轴❺，可推知这是清内府接收明内府的全部林氏之作，可见明末内府已将林良父子的画迹赏赐殆尽了，其作均散落在民间。而明代其他宫廷画家如戴进、吴伟、吕纪、商喜等人均有多幅画迹留在府库，林良之作，炙手可热，略见一斑。

❶ 丘濬：《题林良画雁图》，《御定历代题画诗》卷九十五，《中国书画全书》（九），上海书画出版社，1996年，第649页。

❷ 李梦阳：《林良画两角鹰歌》，《御定历代题画诗》卷九十四，《中国书画全书》（九），上海书画出版社，1996年，第641页。

❸ 汪兆镛：《岭南画征略》卷一，1928年铅印本，第7页。

❹ 谢文勇：《广东画人录》，广州美术馆，1996年，第211—212页。

❺ 张照、梁诗正：《石渠宝笈·初编·乾清宫》卷八，乾隆年本，第48页。

产生林良的历史文化背景

元代始创行省制度，将宋代的广南东路改为广东道，洪武二年（1369），朝廷进一步完善了行省制，将广东道改为广东行中书省，洪武九年（1376），明廷将全国划分为十三个布政使司，相当于行省，是明代地方最高行政机构，层级为布政使司、府（道）、县三级。在这十三个布政使司里有一个广东布政使司，治所广州，其管辖范围扩大到湖广行省的合浦地区以及雷州半岛和海南岛，辖广州、肇庆、韶州、惠州、潮州、高州、雷州、廉州和琼州。这为形成地方性的粤文化奠定了政治基础。

中国南方的诸多区域是稻米滋养出来的文化，由于气候和水土等多方面的原因，最适合稻谷生长的地域是广东一带，历代帝王均十分注重经略岭南，来自中原等地的移民纷纷南下落户。两宋以来中原移民日益增多，移民与当地民众将水利与农耕紧密地结合起来，不断扩大经济作物的种植品种。对农副产品的加工工艺不断提高和对日用品的需求日益增长，使得广东的手工业经济逐步发展起来。宋元朝廷对以广州为中心的广东一带的商贸、税赋和劳动力市场给予了密切的关注。在明代中期，广东沿海的社会分工不断细化，已形成了繁荣的手工业经济和商业贸易，推动了商业城市和诸多小集镇的繁盛。明代对广东采取迟滞海禁、开放贸易政策，恢复了元代海外贸易，特别是海上丝绸贸易起点站功能。永乐年间（1403—1424），明廷在宁波、泉州和广州分别重设了市舶司，强化了对这一地区对外通商的行政管理。为了增强地方行政机构与朝廷的隶属关系，各布政使司里均设有奏差之类的衙役，专事负责向朝廷呈报公函。当时的广东政务、军务和商务频繁，京粤公文往来如织，两地相隔万里，舟车往返乃需数月。在这些往返于京粤两地传送文牒的吏员中，有一位奏差后来成为十分显赫的宫廷画家，享受着三品俸禄，这人就是林良。其人生经历的巨大反差，实为画史所罕见，这与明朝实行的锦衣卫的制度不无关系。

与明代江南和京师相比，广州起初还是一个文化艺术较为贫乏的边远之地，在明代之前，画家绝少。据汪兆镛《岭南画征略》一书的统计，广东在唐、宋、元分别只有一位画家：其一是唐代朱景玄《唐朝名画录》中记载的晚唐张询，善画细笔山水；其二是元代夏文彦《图绘宝鉴》中记载的南宋葛长庚，能画竹石，并有书迹存世；其三是孔伯明，长于画仕女。有明一代，画家有七十六人之多，自明代开始，广东沿海才成批地涌现出各类画家。广东沿海何以在明代滋养出宫廷画家林良和一大批粤籍画家？

林良的出现看似偶然，实属必然，其历史原因是南宋小朝廷的被迫南迁形成的。南宋德祐二年，即元朝至元十三年（1276），正月，元军统帅伯颜率大军进逼浙江，前锋直抵皋亭山（在今浙江杭州东北，临平镇西南），宋恭帝及谢太后率表投降。二月，南宋益王和广王南逃。三月，伯颜俘获了宋恭帝和谢太后及"宫人从行者百余人……官属从行者数千人,三学之士数百人" ❶。值得注意的是,女真人灭北宋时俘获的北宋宫人里有"诸局待诏、手艺染行户……文思院等处人匠……并百伎工艺等千余人" ❷,元军没有捕获到南宋宫廷及临安城里的各色艺人,显然,至少有一部分艺人正沿着海岸线尾随王室向南逃。因此,伯颜留下余部继续南歼。闰三月,南宋大臣张世杰、陆秀夫、陈宜中等南逃至永嘉,奉时年九岁的益王赵昰为天下兵马都元帅。同年五月,赵昰在福州(今属福建)继皇帝位,是为端宗,改年号为景炎,由文天祥都督各路兵马。十一月,元军杀入福建,张世杰、陈宜中等拥小皇帝赵昰乘海船南走泉州(今属福建),再至惠州(今属广东)。第二年即1277年,文天祥、张世杰派兵攻打漳州(今属福建)、泉州和赣州(今属江西)等地,频频失利。十一月,为避元朝水师追击,张世杰等奉小皇帝赵昰逃至井澳(今属广东省珠海市横琴镇)。南宋景炎三年四月,即元朝至元十五年(1278),小皇帝赵昰夭亡,陆秀夫等再立年仅八岁的卫王赵昺为帝。五月,改年号为祥兴。祥兴二年(1279)二月,宋、元两军在崖山(今属广东省江门市新会区)展开最后的决战,其结果是宋朝军队彻底败亡,忠臣陆秀夫背负小皇帝赵昺蹈海自尽,宋朝灭亡。史载:"后宫及诸臣多从死,七日,浮尸出于海十万人" ❸。可见,当时随南宋小朝廷逃跑的人数是相当多的,其中不乏受雇于宋廷的各类艺匠。

在此,本文无意重述宋亡的历史经过,只是借此强调南宋小朝廷在南逃途中的几个站点:金华,永嘉,福州,泉州,广东的潮州浅湾、秀山(今虎门附近)、井澳、碙洲(今雷州正东)、崖山(今新会南)。这些地方及其周边地区以往均没有产生画家的历史文化背景,而先是在元代,开始在浙江沿海一带出现了一些画家,如四明(今浙江宁波)人柏子庭等,永嘉(今浙江温州)人王振鹏、林一清等。明代前期至中期,在浙江宁波、福建和广东也相继冒出了许多画家,特别是有不少人成为明代宫廷的院体或浙派画家。根据聂崇正先生的研究,上述产生明代画家(其实还应包括元代画家)的地点与南宋小朝廷南逃途中的落脚点重合,❹这绝非巧合。在随南宋小朝廷南逃的队伍中,必然混杂着一些宫廷画家,他们期望在战乱结束后,能够像南宋绍兴年间(1131—1162)的宫廷画家一样重新回到宫中作画。但是,随着蒙古铁骑的强力推进,这种"中兴之日"的愿望已渐成泡影。于是,他们在小朝廷沿途驻跸休整时,就乘机逃脱,或悄悄地留在了当地,他们(与所带去的绘画)成为当地画坛的师祖,在民间传授绘画成了他们的衣食之本。

广东崖山是当时南逃宋军的绝命之地,现在已无从查考南宋有多少御用

❶ 宋濂等:《元史》卷一百二十七,北京中华书局,1976年,第3112页。

❷ 徐梦莘:《三朝北盟会编》卷七十七,上海古籍出版社,1987年影印本。

❸ 脱脱等:《宋史》卷四十七,北京中华书局,1976年,第945页。

❹ 聂崇正:《明代宫廷中何以浙闽籍画家居多》,香港《大公报》1996年4月12日。

画家留在了那一带，根据明代在广东出现的许多仿宋佛像赝品，可以推断，南宋末年，逃难于此的画家必定有擅长画佛像画的高手，如果没有宋代的佛像原本，何来明代的赝品呢？明代这些佛像赝品的母本只能是随南宋小朝廷散落在广东沿海民间的画师之作。从此，广东沿海就有了绘画艺术的背景。

如果以二十年为一代，那么这些南宋末年的御用画师们大约传了七八代，就诞生出林良一辈。从林良的笔墨线条中，的确可以看出南宋宫廷花鸟画家的遗韵，只是在林良的笔下演化得愈加粗犷和豪放。引人注目的是，那些没有落入南海的南宋绘画遗迹自然在沿海流传，必然会被元、明两朝的士宦和商贾所收藏。在明代广东籍的官员和文人中雅好绘画者颇多，除颜宗、何寅等之外，明代宫廷里的粤籍画家还有陈瑞、何浩、陈琏（1369—1454）、张萱（1558—1641）、王应华、伍瑞隆（1585—1668）、张家玉（1615—1647）及其弟家珍等，曾寓居岭南的范暹等人也是宫廷画家，还有屡试不第后又屡荐不起的文人雅士陈献章及其门人邓翘、周镐，在野的文人士子则更多，如钟学、邓信、霍韬、刘鉴、刘克平、李以麟及子之世、余世亨、陈骐、李孔修（1436—1526）、吴旦、王敞、张誉、朱樵及其弟朱完（1578—1617，一说1558—1617）、赵焞夫（1578—？）、张千户、欧大章、陶璜、梁孜、范熙祥、梁元柱（1581—1628）、张名祺、李果吉、陈永宽、陈文征、朱厓、何体性、张穆（1607—1683）、陈子升（1614—1692）、张乔（1615—1633）、高俨（约1620—1691）、李稔、闻一、陈士忠、袁敬、袁登道、李恕、何斌、释古钟、古毫、古峰、释今普、今叶、今回、今心等，还有一批如梁启运等梁姓和黎民表等黎姓画人。仅《岭南画征略》一书记载的明代广东画家就达七十六人，是此前唐、宋、元三朝总和的二十五倍以上，他们的籍贯大多在广东沿海地区。这一带画家陡然增多的现象不是偶然的，除了当地日趋发达的社会经济等原因之外，与元初幸存于此的南宋御用画家的活动有关联，同样的情况也发生在明代福建的沿海地区。

关于林良的艺术定位问题

在艺术史中，对林良的艺术定位就是一个职业艺匠，列为画工之伍，这一观念来自明代黄佐《广东通志》里"画工之雄推良为最" ❶，所有的艺术史书籍将他的花鸟画风归之于"院体"，不是没有道理。重新认识林良，笔者以

❶ 黄佐：《广东通志》卷五十六，嘉靖二十九年刻本。

为，这样评价林良是远远不够的，阻碍对林良的深入认识主要来自一些历史原因。

从负面影响林良艺术地位的因素来自两个方面：一方面是供奉明廷的戴进、倪端等浙派山水画家在一定程度上影响了林良花鸟画中树石的笔墨风格，而明末董其昌的"南北宗论"对浙派的贬斥 ❶，导致后人将林良置于文人画的对立面。另一方面是林良所受的官阶皆为武职，如锦衣卫镇抚、锦衣卫指挥，在朝中没有文人的身份，使得林良的笔墨形象在后人的心目中大大受挫。

的确，林良在画面构成上缺乏一些文人画的基本要素，如他极少在画幅上题写诗句，也不加钤闲章等，与院体浙派类同。但是林良"能脱俗气" ❷，仅以此言为据，实不能小看了林良。从以下五个方面来论，林良供职于明朝，表面上是领武职衔的艺匠画家，但绝非工匠可比。

1. 林良长于写诗。"良善谑咏，已而沾士大夫膏馥，为诗始颇有可观者。都御史何经号敏捷，日与之剧饮唱和，或顷刻成诗百篇，因结为兄弟，良由是名益显云。" ❸ 林良才思敏捷，故有善"急咏"之名，明代文人陈献章和李梦阳多次为林良之作题咏，这是一般的艺匠画家难以得到的。

2. 以书入画的笔墨意趣。《图画精意识》认为林良"作暮景晚烟横树，而以淡墨写栖鸦，只一笔点成，不加嘴爪，不分翎毛，为烟中宿者，入神之笔也。此等笔墨非学而能" ❹。《书画所见录》说他的水墨花鸟"皆苍润可爱，字亦古秀" ❺。特别是林良的用笔"遒劲如草书，人皆不及" ❻。姜绍书《无声诗史》曰："取水墨为烟波，出没凫雁嘁嗻容与之态，颇见清远。运笔遒上，有类草书，能令观者动色。" ❼ 论及林良书画关系的还有明代朱谋垔："水墨随意数笔如作草书，能脱俗气。" ❽ 显然，这些来自文人们的评述，说明林良的花鸟画具有文人画书画相通的特质。

3. 林良的传人多有文人气质。再从林良传人的发展势态来看，亦可以发现林良的文人意识，如其子林郊在弘治十七年（1504）致仕时，"有都亭咏别序，士大夫赋诗甚众。归隐龙子窝，修黄白之术。" ❾ 可见，林郊颇有些文人逸士的生活方式。林良的弟子瞿杲和刘巢云等皆是能诗之辈。

4. 林良的艺术影响到文人画家。林良在明代中后期的文人画圈子里具有一定的艺术影响力，他大大扩展了文人画中写意花鸟画的题材，在他之前的元代文人画家的题材主要集中在枯木竹石、梅兰松菊上，而林良将之扩展到各类飞禽、芦荻、柳叶等物种，在立意上摆脱了元代文人的呻吟、无奈和惆怅之情，留下了满纸豪情和一腔激奋。他的花鸟画题材和笔墨对明代中期苏州的唐寅、陈淳具有一定的启迪作用。林良的点叶笔法催生了明代后期花鸟画家周之

❶ 董其昌：《画禅室随笔》卷二中云："若浙派日就渐灭，不当以邪甜俗赖者系彼中也。"

❷ 朱谋垔：《画史会要》卷四，《中国书画全书》（四），上海书画出版社，1992年，第563页。

❸ 黄佐：《广州府志》卷五十九，嘉靖本。

❹ 张庚：《图画精意识》，《美术丛书》三集第二辑十一册，神州国光社，民国二十六年，第91页。

❺ 项垄：《书画所见录》，《美术丛书》四集第十辑二十册，神州国光社，民国二十六年，第49页。

❻ 韩昂：《图绘宝鉴续编》卷六，《画史丛书》（二），上海人民美术出版社，1986年，第162页。

❼ 姜绍书：《无声诗史》卷二，《画史丛书》（三），上海人民美术出版社，1986年，第19页。

❽ 朱谋垔：《画史会要》卷四，《中国书画全书》（四），上海书画出版社，1992年，第563页。

❾ 黄佐：《广州府志》卷五十九，嘉靖本。

冕"勾花点叶"一派，其雄放的粗笔法孕育了明代后期山阴徐渭的大写意花鸟画，甚至清中叶李鱓腕下的禽鸟笔墨和造型都显现出林良的艺术基因。

5. 林良的画业远祖是文人画家。上述所云都与林良的师承关系密切相关。林良早年师从颜宗，颜宗的绘画属于文人画的边缘，这在一定程度上，决定了其弟子林良的艺术特性。李开先对明代宫廷画家的艺术源流逐一进行了分析："文进其源出于马远、夏圭……小仙源出于文进……吕纪其源出于毛益……林良其源出于文与可……李在其源出于郭熙……石锐其源出于谢廷询……"❶其中唯有林良的艺术脉络是与北宋文人画的师祖文同紧密相连的，从林良遗存画作中的墨竹笔迹来看，的确有文人画家的意蕴。

图四 林良《松梅寒雀图》 图五 马麟《层叠冰绡图》

林良的艺术前源是比较丰富的，除了诸文献提及的北宋文同，明代颜宗、何寅、边景昭等，还有南宋的宫廷画家，林良的画面构成和笔墨韵味深受南宋宫廷画家马远、马麟父子的影响，如林良的《松梅寒雀图》轴（图四）（天津博物馆藏）透露出马麟《层叠冰绡图》轴（图五）（北京故宫博物院藏）的韵致，特别是梅枝的造型还受到马麟之父"拖枝马远"的艺术影响。林良对南宋马家的艺术进行了追根溯源般的探索，如他的《禽鸟图》卷（图六）（吉林省博物院藏）的构图、笔墨、立意等来自马远曾祖父马贲的百图类绘画如《百雁图》卷（图七）（美国夏威夷艺术博物馆藏），马贲喜好在小景中绘百只同类动物，如《百雁图》《百马图》《百羊图》等，"虽极繁夥，而位置不乱"❷。事实上，林良在接受浙派树石风格影响的基础上，亦追溯到南宋马远的水墨苍劲一格，直到马家的远祖。林良的这类描绘大场面的群禽之作，皆"取水墨为烟波，出没凫雁喋唼容与之态，颇见清远……能令观者动色"。

林良除了汲取宋代马家的艺术养分之外，对艺术个性强烈的南宋画家尤为青睐。如在林良的《月下芦雀图》轴（图八）（南京市博物馆藏）里，可以看到南宋宫廷画家梁楷《秋柳双鸦图》页（北京故宫博物院藏）和《秋芦飞鹜图》页（图九）中疏朗、自然的韵律。他的水墨禽鸟，特别是鹤、雁、芦雀等物种的画法也离不开南宋末年杭州长庆寺僧法常笔墨的滋养。值得研究的是，自林良开始，所谓院体绘画不再是工笔画一统天下，写意画甚至大写意画已经堂而皇之地成为院体绘画的一个重要组成部分，而且与文人画有着千丝万缕的

❶ 李开先：《中麓画品·画品五》，《中国书画全书》（三），上海书画出版社，1992年，第915页。

❷ 邓椿：《画继》卷七，《画史丛书》（一），上海人民美术出版社，1986年，第57—58页。

图六 林良《禽鸟图》
（局部）

图七 马贲《百雁图》（局部）

图八 林良《月下芦雀图》

图九 梁楷《秋芦飞鹜图》

艺术联系。

"文人画"与"匠师画"之间的艺术风格是不是泾渭分明、非此即彼？两者之间是否有一个中间地带？这是一个长期被忽略的研究视角。在这个地带中生存的古代画家们因对文人画和匠师画倾斜程度的不同，必定出现千差万别的艺术风格和流派，如既有匠师画的艺术功底和职业性生计，又有文人画的艺术气格、才情和文人画家的生活方式，还与文人画家有着一定的交往经历，其绘画属于文人画的边缘，笔者称之为"亚文人画"。这类绘画在元代就已初见端倪，主要是以个人的面目出现，如王渊、王绎、张渥、张舜咨等。

与元代不同的是，明代的"亚文人画"除了以个人面目出现之外，更重要的是，还以画派的面目问世，以林良为代表的善东派证实了这个艺术现象是客观存在的。在明代后期相继出现了一些这类边缘性的绘画流派，如波臣派、武林派等。因此，"亚文人画"的存在不是孤立的，它表明在明代，文人画高度崛起并渐渐统领了绘画市场的主体，一批宫廷画家和生活在世俗中的平民画家，力求涤除缺乏文质的弱点，努力汲取文人画家的艺术观念。由于受其生活环境的影响和文化层次的制约，他们没有成为具有完整意义的文人画家，但开辟了一个新的生存空间和独特的绘画面目，是古代绘画史中具有独特地位的职业画家。他们没有什么风流雅韵，未能引起古代文人学士们的关注。直到今天，"亚文人画"的艺术现象依旧存在，只不过是"文人"的特质和存在的条件、形式发生了一些变化。

对"亚文人画"的鉴定，与文人画有所不同。因画中缺乏足够的题跋和画外的文献佐证，只能重在把握其风格元素，如师承关系、艺术格调等，就其画风与纵、横两向的风格源流进行比较。在艺术语言中，找出属于"亚文人画"画家个人的"语汇"及其形成的历史过程。

在明代以前的广东，没有一位画家像林良这样产生重大的艺术影响，在林良之后的广东，大多数花鸟画家均肯定了林良的笔墨基调。因此，本书给林良的第一个艺术定位是"粤画之祖"。具有文人诗词、书法等素质的林良，汲取了较为广泛和深厚的艺术养分，其画意较浙派要儒雅一些，成为明代"亚文人画"的代表画家，这是对林良的第二个艺术定位。对林良的第三个艺术定位：他是善东派的核心画家。对此，我们将在下文论列。

关于善东派的客观存在

林良在明代宫廷的艺术影响不只是个别的，而是促使一种画风的形成。当时与林良并称的范暹，字起东，一作启东，号苇斋，人称"苇斋先生"。最早将范暹、林良并称的是清代徐沁，他将善东派置于花鸟画史中进行论证："写生有两派：大都右徐熙、易元吉而小左黄筌、赵昌，正以人巧不敌天真耳。有明惟沈启南、陈复甫、孙雪居辈，涉笔点染，追踪徐易；唐伯虎、陆叔平、周少谷以及张子羽、孙漫士，最得意者，差与黄、赵乱真。他若范启东、林以善，极遒逸处，颇有足观。吕廷振一派终不脱院体……"❶人们将林良与范暹的字并称为善东派，清代朱文嵘在《峻山画跋》里赋诗道："一派画图今入阁，善东花鸟墨淋漓。"❷当今，历史上关于善东派的记述除了王伯敏先生在《中国绘画通史》中提及，几乎被后人淡忘了。

范暹本是吴县（今属江苏苏州）人，系碑帖鉴定家蒋廷辉之婿，他曾寓居岭南。永乐年间（1403—1424），他供奉内廷，时达二十余年，终老于京师。范暹长于书法，尤擅花竹翎毛。徐沁评他"尝言起东善花鸟，有谈论，馆阁争相器重"❸。说明他的绘画颇得朝中文人们的赏爱，其作有《竹鹤图》轴、《佩文斋书画谱》卷九十八等书著录。遗憾的是，目前在国内外的博物馆里还没有发现范暹的绘画遗迹。范暹早林良二三十年入宫，林良大约在成化年间（1465—1487）入朝，此时的范暹已垂垂老矣，或已离世。差不多与范暹同时供奉明内廷的还有另一位写意画家孙隆，字廷振，号都痴，武进（今属江苏常州）人，开国忠愍侯之孙，其在宫中的职位不详。孙隆上承五代南唐徐熙落墨花和北宋赵昌没骨之法，开启明代宫廷写意花鸟画的清新面目，即以设色没骨画禽鱼草虫和瓜果之法。孙隆曾与明宣宗同案染翰，可探知他的艺术新创受到了内廷的赞许。这对有创意的宫廷画家们而言是一个极大的激励，在客观上"逼迫"林良走出另一条背离设色、专事水墨写意和大写意的蹊径。

林良"虽祖黄筌、边景昭，然荣枯之态，飞动之势，颇有心得，遂成一家"❹，在吕纪到来之前，林良已在宫中确立了花鸟画的影响力，在一定程度上催熟了吕纪写意花鸟画风格的形成，最终使之在画史上与林良并称。吕纪的写意花鸟画属于善东派的重要组成部分，先后形成了范、林、吕宫廷写意花鸟画的一统格局。吕纪"画花鸟初学边景昭，后摹仿唐宋诸家，始臻至妙"❺。可见林、吕二人皆以边景昭为宗，而真正形成善东派自家面目的是林良、吕纪的水墨写意花鸟画。

善东派出名的画家以林良的弟子居多，除林良儿子林郊之外，在朝中的还有：

邵节，"余姚人。善画翎毛。尝从叔有良宦于朝，学于林良，尽得其法。"❻

殷善，字从善，金陵（今属江苏南京）人，"花木翎毛从林良、吕纪两派中来，渲染有致，而神采独异。子偕，字汝同，能传其法。"❼特别是殷偕，后来官居高位，授"锦衣卫都指挥"。❽

瞿杲，"字炳旸，号醉渔，常熟（今属江苏）人。嗜酒落魄。能诗。后寓

❶ 徐沁：《明画录》卷六，《画史丛书》（三），上海人民美术出版社，1986年，第75页。

❷ 王伯敏：《中国绘画通史》（下），生活·读书·新知三联书店，2000年，第51页，引自黄宾虹《古画微》（修订稿）中的《峻山画跋》。朱文嵘，字峻三，号酉岩，武进（今属江苏常州）人，工书画，善山水。

❸ 徐沁：《明画录》卷六，《画史丛书》（三），上海人民美术出版社，1986年，第76页。

❹ 黄佐：《广州府志》卷五十九，嘉靖本。

❺ 徐沁：《明画录》卷六，《画史丛书》（三），上海人民美术出版社，1986年，第77页。

❻ 徐沁：《明画录》卷六，《画史丛书》（三），上海人民美术出版社，1986年，第77页。

❼ 徐沁：《明画录》卷六，《画史丛书》（三），上海人民美术出版社，1986年，第78页。

❽ 南京博物院藏有殷偕的《鹰击天鹅图》轴，图幅上钤印"锦衣卫都指挥"。

澄江。画花鸟生趣坌溢，芦雁一种，常执扫除于林良门下，得窥其法。以故萧闲淡荡，几与神合。"❶瞿杲的入室弟子有钱祖、萧完。❷

善东派画风由内廷随林良往返京粤传播到宫外乃至村野，比较而言，以浙籍画家居多：

刘炤，"字巢云，会稽（今属浙江绍兴）人，善画翎毛花卉，且喜吟咏"❸，以画芦雁为佳。

临海（今属浙江）王乾，字一清，初号藏春，又号天峰，曾作《双鹭图》轴（北京故宫博物院藏），布局、笔墨尽得林良意趣。

"韩旭，浙人。善草虫。其翎毛深学林良。"❹

清代胡毓奇，系"浙江石门诸生。宗林良吕纪之神慧悟夙成藻思层出"❺。

"胡龄，善水墨禽鸟。宗林良"❻。

从明代到清代中叶，在苏北和鲁中，还传播着林良的画风，如明代江苏兴化的任材"善水墨禽鸟松竹，有林良夏㫤过庭章之风"❼，清代山东枳城王士"沉厚遒媚有林以善风格"❽。

值得注意的是，林良的追崇者大多生活在林良往返京粤途中江南一段的几个小城里，不难判定，是林良途经这些城镇时，传播了他的花鸟画风格。

吕纪则不同，他主要是在家族内和宫中传播其画艺，故直接继承者颇多。他虽无子，但有三从子，翎毛花石皆得家学：吕高，字崇岳，号松石翁。吕棠，字德芳，号竹邨，作有《花石鸳鸯图》轴（北京故宫博物院藏）。吕远七，"写《丹凤朝阳图》，霞彩流动，若非绘事可到，其精神意态，不在纪之下"❾。吕纪外甥叶双石，性好写水。至吕纪曾孙辈吕健，"吕纪情意已了无关涉处"❿。不仅吕纪画风至此已衰，而且整个善东派已不再风光。

吕纪的弟子还有萧增，字益之，官锦衣千户。车明兴、陆镒、唐志尹、吕文英等亦属此列。

善东派是明代宫廷水墨写意花鸟画派，起始于范暹，发展、盛行于林良，承传于吕纪，终结于林良和吕纪的传人，可知姓名的画家有十余人之多。林良是善东派的核心画家，其豪放雄健的笔墨表现出一定的文人意趣，从题材和技法上发展了元代的写意花鸟画。自永乐年间（1403—1424）后期至弘治年间（1488—1505），善东派几乎影响了明代15世纪内廷的水墨写意花鸟画，其艺术影响还波及宫外的在野画家和文人画家。

❶ 徐沁：《明画录》卷六，《画史丛书》（三），上海人民美术出版社，1986年，第75页。

❷ 鱼翼：《海虞画苑略》，《画史丛书》（四），上海人民美术出版社，1986年，第3页。

❸ 陶元藻：《越画见闻》上，《画史丛书》（四），上海人民美术出版社，1986年，第15页。

❹ 王宸：《绘林伐材》卷九，《中国书画全书》（九），上海人民美术出版社，1996年，第969页。

❺ 彭蕴灿：《历代画史汇传》，《中国书画全书》（十一），上海书画美术出版社，1997年，第164页。

❻ 朱谋垔：《画史会要》卷五，《中国书画全书》（四），上海人民美术出版社，1992年。

❼ 冯津：《历代画家姓氏便览》卷三，《中国书画全书》（十一），上海书画出版社，1997年，第67页。

❽ 张庚：《国朝画征录》，《中国书画全书》（十），上海书画出版社，1996年，第429页。

❾ 《鄞县志》卷四十五，光绪二年杨氏刻本。

❿ 谢稚柳：《北行所见书画琐记》，《文物》1963年第10期。

林良花鸟画的艺术特性

明代李开先非常形象地概括了林良的艺术特色："林良如樵背荆薪。涧底枯木。匠氏不顾。" ❶林良的花鸟画既体现了一些文人情趣，又具有明代官宦文化的特质。明代的官僚体制上承两宋，但明代的官宦文化不像宋代那样优雅闲适。在初中期，由于受到明太祖朱元璋专制、集权主义的影响，宫廷绘画充满了激越的动感，欣赏强悍和霸权，林良的鹰类题材和水墨大写意应运而生。自万历年到明亡，由于受朝廷享乐主义思想的浸淫，明末的官宦文化迷恋怪诞、变异乃至柔靡的审美趣味。

从林良粗放雄劲的绘画风格可以判定出画家有着极其鲜明的个性，属于豪放不羁、天性自然的人物类型；从林良在布政使面前敢于直言的性格可以印证他非常鲜明、强烈、坦率和张扬的性格特征。林良在艺术上讲求的是不求而得之，体现出天然巧成的意蕴，不求工而见工于笔墨之外，不讲秀而含秀于笔墨之内，遂另开写意之一派。林良花鸟画的树石背景受到浙派的影响，这是林良和其他善东派成员不可逾越的时代印记。林良更有其独特的笔墨特性，有必要对他的作品进行艺术分期。由于林良从不在作品上署年款，只有根据他的名款变化和笔墨的老辣程度进行粗略的分期。

前期。主要是指林良在广东任奏差期间的画作。在任职奏差期间，林良被差遣到京师向朝廷呈交奏文。根据他曾师法边景昭的艺术经历来看，林良初期的花鸟画属于工笔类，相关文献也证实了这点："花果翎毛著色者，以极精工，未免刻板，水墨随意数笔如作草书" ❷，"著色花果翎毛，皆极精巧" ❸。说明当时林良的工笔花鸟画极为工致，以至于"刻板"。对他来说，这并不意味着成功，他试图要突破这个格局，尝试运用水墨写意的手段来破除"刻板"之弊。浙江是他往返京粤途中的必经之地，在耳濡目染中渐渐汲取了浙派的树石笔墨，个人风格正在形成。这个时期林良的笔法较为柔和清淡。其名款有两种，其一是较早的楷书，极为少见，如《雪梅四喜图》轴（图十）（沈阳故宫博物院藏）。其二是成熟期的行书，其名款渐渐形成了独特的形式，如《花鸟屏》（四条）（安徽歙县博物馆藏），与之绘画风格相近的是《禽鸟图》卷（吉林省博物院藏）、《残荷芦雁图》轴（图十一）（济南市博物馆藏）、《松梅寒雀图》轴（天津博物馆藏）等。

❶ 李开先：《中麓画品》，《中国书画全书》（三），上海书画出版社，1992年，第913页。

❷ 朱谋垔：《画史会要》卷四，《中国书画全书》（四），上海书画出版社，1992年，第563页。

❸ 韩昂：《图绘宝鉴续编》卷六，《画史丛书》（二），上海人民美术出版社，1986年，第162页。

中后期。主要是指林良在成化至弘治初年（1465—约1488）的代表作品。画家笔下受浙派影响的树石风格亦日益成熟、老到。名款的写法已固定成鲜明的特色。这个时期的代表作品如《芦雁图》轴、《灌木集禽图》卷、《雪景鹰雁图》轴（图十二）、《雪景双雉图》轴（均藏于北京故宫博物院），《双鹰图》（西安市文物管理委员会藏），《孔雀图》轴（北京炎黄艺术馆藏）等。值得注意的是，粤港一带的博物馆藏有几幅画风十分老到的林良之作，风格较为一致，用墨偏干，行笔翻飞随意，十分粗劲有力且愈加简率，如《双鹰图》轴（香港中文大学文物馆藏）、《双鹰图》轴（广东省博物馆藏）等，广东省博物馆庋藏的另一件《双鹰图》轴（图十三）的笔墨在老到中已出现了明显的粗陋和老态，其创作时间很可能较晚。

　　林良的绘画构图较为高旷，主体十分突出，主次互有关联。其花鸟画造型的特点集中在禽鸟造型上，有其鲜明的独到之处。他笔下的禽鸟在静态时显得静中有动、十分机警，体形结实，通常不作饱食鼓腹之状，多有饥中振羽觅食之态，最具代表性的是他的《灌木集禽图》卷（图十四）（北京故宫博物院藏），恰如后人之评："所画着色花果翎毛，皆极精妙。偶放笔作水禽墨鸟。中间树木遒劲。宛如草书。他人竭力仿之，便觉潦草欠工耳。"❶该图中的禽鸟处于动态时，其动感幅度较大，有时表现到运动幅度的极限，十分生动自然。羽毛紧贴肌肤，或蓬松欲振。林良笔下的禽鸟多有情感：惊恐、凶贪、得意、英武、温存、悠闲等，竭尽人间世态之炎凉。

图十一　林良《残荷芦雁图》

图十　林良《雪梅四喜图》（局部）

❶ 王绂：《书画传习录·书画续录》，《中国书画全书》（三），上海书画出版社，1992年，第288页。

图十二　林良《雪景鹰雁图》

图十三　林良《双鹰图》

图十四　林良《灌木集禽图》（局部）

根据现存林良之作，可以发现他在绘画工具方面的习惯特性。他喜画大幅，竖幅居多，以便于喷吐其胸中的磅礴之气；亦作长卷，作纵向披靡之态；偶有小幅册页，功在生动灵巧。林良在材料上多选用绢本，少数作品用熟纸，多用水墨，偶用淡色；所用毛笔颇具特点，多执硬毫，长短锋并用，如竹草禽鸟用短锋，硬毫秃笔点苔，枝干山石用长锋，用墨不求渗透淋漓或飞白枯淡，以力透纸背为佳。他行笔迅捷短促，笔势苍劲雄强，粗重有力，笔笔相接，不遗断笔，转折方硬刚健，顿挫有致，极富节奏感，十分讲求线条的变化，无浮躁之气，但笔意缺乏内敛，这也是院体、浙派绘画受到董其昌攻讦之所在。

林良画枝干的手法多样，大致有五种，风格大体一致，行笔简洁雄放，一气呵成，大凡林良的赝品都会在此出现问题。

1. 淡墨法：画家虽然用淡墨和没骨法涂抹老树的枝干，但非常苍劲有力，如《禽鸟图》卷（图十五）（吉林省博物院藏）、《双鹰图》轴（上海博物馆藏）。

2. 勾皴并用法：如《双鹰图》轴（图十六）（香港中文大学文物馆藏）用干笔重墨勾皴而成，转折方硬，颇有苍劲老辣之感。

3. 皴笔法：以干墨侧笔连续横皴出老干的背雪面，积雪面以跳动之笔勾点出，留白处为积雪，如《雪景鹰雁图》轴（图十七）（北京故宫博物院藏）。

4. 粗笔浓墨法：如《秋鹰图》轴（图十八）（台北故宫博物院藏），用大写意之法横卧出枝，节节方硬，粗重有力。

5. 双钩法：以浓墨干笔勾出主干，再以意笔铺写出枝干，最后用秃笔点秋叶，如《雪景双雉图》轴（图十九）（北京故宫博物院藏）。

宫廷花鸟画的主题到林良的时代已经经历了三个大的历史阶段：以五代西蜀黄筌为代表的富贵一派的宫廷画家，精绘平和安详的皇家之珍禽异兽。到北宋中期，出现了以崔白为主表现野情野趣的宫廷画家，将自然界的季节变化与动物的野外活动结合起来，动物之间也形成了互有照应的有机联系。这两派都是用工笔画法而成。在明代中期，以林良、吕纪为首的宫廷画家，早年继承了五代西蜀黄筌表现珍禽异兽的写实手法和北宋崔白野趣一派的绘画主题，特别是秉承五代南唐郭乾晖的捉勒题材，郭乾晖专擅表现猛禽捕杀杂鸟的激烈场景，笔墨老劲，意态飞扬。林良在承接宋代院体的基础上，开创了水墨写意，甚至以大写意表现花鸟题材和捉勒题材的惊险场面，更生动、更强烈地揭示了肃杀、残酷的动物世界。这在视觉上，有着极强的震撼力和冲击力。

林良笔下肃杀的自然景象，颇有一番艺术匠心。如他的《雪景鹰雁图》轴（北京故宫博物院藏）画两只山鹰高高伫立，一只在假寐，另一只在梳理羽毛。一只飞禽不慎闯入"禁飞区"，被吓得钻入草丛，画家精心描绘了它的一只被吓得垂软的鸟爪。如果林良的《雪景鹰雁图》轴画得较为含蓄的话，那么，《秋鹰图》轴（图二十）（台北故宫博物院藏）则赤裸裸地展现了自然界弱肉强食的搏杀情景，在雄鹰追逐下的八哥，它的腿爪已处于痉挛状态。吕纪的《鹰鹊图》轴和《残荷鹰鹭图》轴（皆藏于北京故宫博物院）等写意花鸟画均受到林良构思的影响。林良、吕纪

图十五　林良《禽鸟图》（局部）

图十六　林良《双鹰图》（局部）

图十七　林良《雪景鹰雁图》（局部）

图十八　林良《秋鹰图》（局部）

图十九　林良《雪景双雉图》（局部）

等长期在锦衣卫供职，切身体会到人世间阴惨森恐的搏杀一面，对弱肉强食的情景必定有着不同于常人的深刻感悟。

林良的艺术特性首先体现在他的题材创新和笔墨创新上，他对禽鸟的生活特性和情感的把握达到了入微的境地，严谨、精到的造型与强劲无羁的笔墨有机地结合为一体，墨的韵律和诗般意境无痕地融为一图。

图二十　林良《秋鹰图》

林良作品之疑

　　对林良的传世之作进行鉴识是十分艰难的研究工作，其作从不书写年款，钤在绢本上的印章漫漶不清，更没有题诗，后人的题跋和文献记载也不多，更何况花鸟画的内容难以含有时代性的人文特质，以此鉴别其时代和作者是相当困难的。笔者主要运用风格鉴定法，根据林良真迹中的习惯性笔墨、造型规律、构图法、落款法，去比对那些与林良真迹差距较大的林良款画作。由于不同的观者对同一种绘画风格会产生出一定的认识差异，比较的风格差异越大，认识的差距就越小。

　　《芦雁图》轴（图二十一）（绢本淡设色，纵135厘米、横78厘米，天津市文物公司藏），该图的名款行笔过于做作，如"林"字的第二个"木"字的竖画写法过分高挑，"良"字的竖钩笔画变成了竖弯钩，这些都不是林良落款的习惯性笔法。两只大雁的造型和笔墨较为生硬死板，无论动静，均显得十分呆滞，缺乏活力。芦苇的用笔也缺乏力度，甚至还出现描笔的痕迹，这在林良的画迹中是不可能出现的。该图约系明末清初之作。林良的苇叶用笔往往在行笔的中间出现顿笔，而后再出锋，显得极富有变化，这种画苇叶的用笔影响到他画水草、柳叶的用笔，形成了林良画尖形叶的独特风格。可资与该图进行对比的真迹如《芦雁图》轴（图二十二）（北京故宫博物院藏）。

图二十一之一　林良款《芦雁图》　　　图二十一之二　《芦雁图》上的"林良"款　　　图二十二　林良《芦雁图》

《孤鸿叫月图》轴（图二十三）（绢本水墨，纵161厘米、横59.5厘米，广州艺术博物院藏），画幅上有作者自题："孤鸿叫月。林良。"钤印有二。该图破损较为严重，在重新装裱时，难免会出现补笔的痕迹。通常，林良在画中是不题写图名的，该图系首例，这不得不引起笔者的注意，细察其款书，其写法与上文涉及的林良真迹里的款书一致，确系林良所书。但是，画中的苇草缺乏林良的笔墨特性，即苇草出笔后顿笔的位置不符合林良的笔墨习惯。正侧面的鸿雁造型亦趋于呆板，毫无动感，特别是头与颈部没有任何动态变化，这是林良的真迹不可能出现的问题。鸿雁的用笔软弱无力，过于柔和。名款与画迹发生真伪的矛盾，是否可以考虑此图有代笔之嫌？

《山茶白羽图》轴（图二十四）（一作《山茶白鹇图》，绢本设色，纵152.3厘米、横77.2厘米，上海博物馆藏），该图被作为林良唯一的工笔花鸟画和唯一的早期之作，广被各类美术史教科书刊用、诠释。画幅上有款"林良"二字，未钤印。也许因为被认为是"早期之作"的缘故，画中出现了一些与林良画风相悖之处，就很容易被宽谅了。笔者所提出怀疑的地方是因为该图还出现了另外一个人的笔迹。这就是在林良之后入宫的吕纪。

吕纪是在弘治年初荐入宫中，林良的儿子林郊早在弘治七年（1494）于"诏选天下画士"时，"郊中第一，授锦衣卫镇抚直武英殿"❶。从时间上看，林良"声名初在吕纪之上，凡纪作多假书良名。后则不然矣"❷。这种禽鸟分两组，石上、石下各一组（只）的构思常常出现在吕纪的花鸟画中，如《鹰鹊图》轴（图二十五）（北京故宫博物院藏），两幅图的构图非常相似。《山茶白羽图》轴中巨石的笔墨颇为拘谨，石廓的线条十分细碎，绝非林良雄强粗阔的笔意，系吕纪水墨画石的风格，笔墨较为柔和，少用粗笔重墨勾画崖石。而如《三鹰图》轴（图二十六）（中国国家博物馆藏）、《花鸟图》屏（图二十七）（中国美术学院藏）等，林良画石，有着十分粗重刚直的石廓线，石头的皴法主要受浙派山水画的影响，喜用侧锋重笔斜刷，有时留白，以作雪石，如他的《双鹰图》轴

图二十三之一 林良款《孤鸿叫月图》

图二十三之二 《孤鸿叫月图》上的"林良"款

❶ 黄佐：《广州府志》卷五十九，嘉靖本。

❷ 胡来贡：《中麓画品·后序》，《中国书画全书》（三），上海书画出版社，1992年，第917页。

图二十四 林良款《山茶白羽图》

图二十六 林良《三鹰图》（局部）

图二十五 吕纪《鹰鹊图》

图二十七 林良《花鸟图》（局部）

图二十八　林良《双鹰图》（广东本局部）

（图二十八）（广东省博物馆藏）、《双鹰图》轴（图二十九）（西安市文物管理委员会藏）、《雪景双雉图》轴（图三十）（北京故宫博物院藏）和《凤凰图》轴（图三十一）（日本京都相国寺藏）。

这幅有林良款的《山茶白羽图》轴上的巨石与吕纪《鹰鹊图》轴上崖石的笔墨十分相似，只是后者更粗放一些。石上的白鹇造型呈鼓腹状，林良少有此类造型的样式。画中下部横穿的古木笔墨十分温润，毫无粗犷雄放之势，与林良的诸多画树的笔墨相比（图十五至图十九），亦非林良之笔。林良的工笔花鸟画基本上已不可见，据文字记载，在技法上，其"花果翎毛著色者，以极精工，未免刻板，水墨随意数笔如作草书"❶，"著色花果翎毛，皆极精巧"❷。本幅之精工、精巧的程度，尚欠甚多。

该图的绘制程序：待吕纪画完禽鸟和巨石之后，林良以点叶之笔作山茶数枝，最后落下名款，这就是明人所说的吕纪"多假书良名"，这里的"假"，不是形容词的真假之意，而是动词即"假借"之意。该图的构思、

图二十九　林良《双鹰图》（西安本局部）

图三十　林良《雪景双雉图》（局部）

❶ 朱谋垩：《画史会要》卷四，《中国书画全书》（四），上海书画出版社，1992年，第563页。

❷ 韩昂：《图绘宝鉴续编》卷六，《画史丛书》（二），上海人民美术出版社，1986年，第162页。

构图和巨石、禽鸟、古木等皆出自吕纪，茶花和名款系林良之笔，应该是作于二人供奉内廷之初即弘治年初，当时吕纪的声名不及林良，还处在师法林良意笔的阶段，只是到了吕纪成大器时，"后则不然矣"。

《双鹰图》轴（图三十二）（绢本淡设色，纵133.4厘米、横50.5厘米，台北故宫博物院藏），图幅上钤玺："嘉庆御览之宝""宣统御览之宝"，《石渠宝笈·初编》著录。该图林良的名款与通常所见大为不同，鹰的造型过于修长，鹰羽

图三十一　林良　《凤凰图》（局部）

的画法与林良通常的笔墨大为不同，笔墨浓淡对比过于强烈，树干和枝干的用笔不见有粗放刚健之笔，亦不见林良苍劲沉厚的点叶之迹，类似这种笔墨软弱的画迹还有另一件《双鹰图》轴（图三十三）（绢本水墨，纵129.4厘米、横75.9厘米，浙江省博物馆藏），枝干用笔轻柔软弱，无一笔有顿挫。

《鹰图》轴（图三十四）（绢本淡设色，纵116厘米、横42厘米，广州市美术馆藏），构图过于局促，笔性松软，造型粗率，呆若木鸡。鹰嘴如同是画鹰的点睛之笔，该图的鹰嘴没有形成钩状，似秃嘴，这是林良画鹰所不常见的。林良画鹰，体块十分鲜明，头、颈、胸腹或后背、双翼

图三十二　林良款《双鹰图》

图三十三　林良款《双鹰图》

图三十四　林良款《鹰图》

翅、尾羽、腿、爪几个体块相当分明,毫不含糊,鹰的肌肉处于紧张状态,羽毛振起或绷紧,极有精神,该图高处的鸟雀翻飞得无姿态可言。支撑鹰的枝干是林良运用粗豪之笔的关键所在,图中的老树干以淡墨弱笔渲染,枝干和点叶处理得杂乱且无笔法,缺乏神采,其名款书写得十分油滑,亦绝非林良之迹,书、画皆一人所为,系清初作伪者托名的一般之作,难以称颂。

从名款、笔墨、功力和造型风格对以上六幅有林良名款的画迹进行甄别,尽管它们与林良的真迹有较大的视觉差距,但绝不是林良的另类风格,其艺术功力亦十分勉强。

锦衣卫画家密职推论

林良从一个不入品的奏差吏员擢升为锦衣卫指挥,官拜三品,这是锦衣卫里的最高品阶。值得比较的是,当年与林良同被召入宫的还有莆田人许明伯,他只是善画花鸟竹石,供奉在文思院,官副使(从五品)。如果仅仅靠绘制那些写意花鸟画,在官场上是难以得大道的,类似情况的不光是林良一人。那么,究竟是什么原因使林良升迁得如此顺当?这要从林良等人所供职的锦衣卫论起。

厂、卫是明朝内廷的两个侦刑机构,是明代宫廷特务政治的产物,其下的官员是皇帝的耳目和爪牙。"厂"系东厂和后来的西厂、大内行厂,由司礼监太监充任;"卫"即锦衣卫,洪武十五年(1382)设立,合称"厂卫"。厂、卫职责基本相同,锦衣卫系外官,厂系内官,行侦察官民和锦衣卫之事,内厂则监视官民和厂卫,故厂的势力大于卫。

锦衣卫最高职官为指挥使,由皇帝心腹担任,皇帝直接督导锦衣卫,锦衣卫可直接奉诏干预

图三十五　今北京故宫博物院文华殿

图三十六　新砌的红墙外是明代仁智殿的遗址

诉讼，掌管刑狱，具有侦办一切官员和巡察缉捕之权，形成一整套完整的侦讯和捕快系统，人数多时达到四五万。据《明史·职官五》载："锦衣卫，掌侍卫、缉捕、刑狱之事，恒以勋戚都督领之……盗贼奸宄，街涂沟洫，密缉而时省之。"锦衣卫滥用酷刑，致使朝野上下，谈"卫"色变。锦衣卫下设十七个所和南北镇抚司，锦衣卫官员有指挥使一人，正三品；同知二人，从三品；金事四人，正四品。锦衣卫里的"镇抚司，掌本卫刑名，兼理军匠"。成祖时"增北镇抚司，专制诏狱"。有镇抚二人，正五品。十四千户所千户十四人，正五品；副千户，从五品；百户，正六品；试百户，从六品；总旗，正七品；小旗，从七品。以下为力士、校尉。成化年间"设为南镇抚司，专理军匠"❶。专事管理军中各类工匠和艺匠，画家在此任职者较多。

明代宫廷里没有翰林图画院的建制，洪武年间（1368—1398），国家尚处于草创阶段，画家多来自江浙一带，有师法宋人，也有上承元人，未形成统一的院体风格。画家奉诏进宫，皇帝随意授以职衔，如同样奉诏为朱元璋画像称旨的沈希远和陈远，分别授中书舍人和文渊阁待诏。有的宫廷画家则授武英殿待诏、翰林待诏等，或称供事内阁、内供奉，甚至有授营缮所丞，画家的供奉地虽不同，但官阶不超过七八品。朱元璋朝，因宫廷画家处在极不正常的环境中生活，赏罚极为随意，特别是人物画家深受其害。

自朱棣朝起，宫廷画家的活动渐趋正常，召入宫内的画家大多入直仁智、武英、文华三殿，仁智殿位于武英殿之后，今已不存，但是可以通过明代天启七年（1627）的紫禁城平面图探知其布局。（图三十五至图三十八）职业画家多授锦衣卫镇抚、千户、百户等武职。锦衣卫在朝野上下的名声不好，"嘉靖以前，文臣子弟多不屑就"❷。

经过明朝前期数十年的休养生息，从宣德到弘治年间（1426—1505），经济和文化都出现繁盛景象。这一时期的宫廷画家中，各画科名手辈出，各造其极，达到明代宫廷绘画艺术的高峰。林良的艺术活动恰好是在成化至弘治初年，与他同堂的宫廷画家有入直仁智殿的倪端和石锐、待诏李在、锦衣卫都指挥周全、开国忠愍侯之孙孙隆、锦衣卫都指挥刘俊、锦衣卫千户陈瑞、锦衣卫指挥吕纪等，他们绝大多数都被授以武职。

明代皇帝授宫廷画家以武职，实际上是受到宋代皇帝授画院画家武职的影响。画家们被安排在锦衣卫，从表面上看，是由于那里"恩荫寄禄无常员"❸，意即锦衣卫编制宽松，便于安插，可以解决画家的待遇问题。笔者以为，在皇权至上的时代，编制掌握在皇帝手中，只要为皇帝所赏爱，就不可能出现编制方面的尴尬之事。宫廷画家被安排在锦衣卫，特别是其中的人物画家有没有可

❶ 张廷玉：《明史》卷七十六，中华书局，1974年，第1862—1863页。

❷ 张廷玉：《明史》卷九十五，中华书局，1974年，第2339页。

❸ 张廷玉：《明史》卷七十六，中华书局，1974年，第1862页。

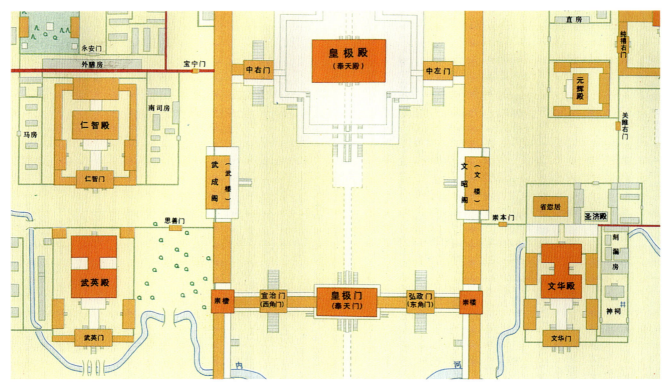

图三十七　明代文华殿、武英殿、仁智殿位置图（资料来自侯仁之主编《北京历史地图集》/ 北京出版社 / 1988年 / 第36页）

图三十八　文华殿、武英殿现状

能与锦衣卫所从事的职责有一定的关联？关于明代宫廷画家创作活动的史料较少，若欲求进一步探知，也许可以透过一些基本现象探寻其不被书写的一段历史。

值得注意的是，本书附录的两个官职附表集中了明代永乐年间至明末被授予官爵的宫廷画家。从表中我们可以推测——会画人物对所得官阶是有一定影响的。

这里说明了第一个问题：明代宫廷画家的地位空前。学界通常认为，宋代，特别是徽宗朝和高宗朝是古代宫廷画家待遇最高的时期，其实不然。在宋代，翰林图画院画家的官阶能达到九品已是相当不错了，如"南宋四大家"之首李唐官成忠郎、画院待诏，官阶最高的待诏直长韩拙、郭熙也仅仅是从八品，有宋一代，只出这两人而已。宋代皇帝特许宫廷画家配鱼（这是五品官所拥有出入内廷的特许标识），完全是出于皇帝对绘画创作的雅好，便于随时召唤，并不是宋代宫廷画家的职位在五品以上，也不意味着画家享有特殊的生活待遇和政治地位。在清代宫廷，只有西洋传教士画家郎世宁官奉宸苑卿（三品）。而明代宫廷画家则不然，职业画家的官阶之高，达到了历史上空前的地位，有十位宫廷画家达到三品，这在锦衣卫里所受到的政治信任程度是不言而喻的。

该官职附表还说明了第二个问题：明代宫廷长于或兼善人物的画家与非人物画家获三品官阶之比是7：3，擅长或兼擅画人物的画家其地位尤为突出，其中如商喜、刘俊、周全、林良、吕纪、朱端和吕文英七位画家皆系三品官，同样，前者的平均官阶较后者明显要高出一些。看来，这不是明代皇帝偶然的兴致，这与人物画家维系朝政的特殊作用相关。笔者以为，主要有如下四个职责使得长于画人物的宫廷画家获得如此高的殊荣。

1. 完成御用的教化之图。明代皇帝对人物画的重视程度超过了其他画科，甚至宣宗朱瞻基、宪宗朱见深等都长于画人物，因而在他们的统治时期，宫廷绘画特别是人物画也达到了最兴盛的时期。明代皇帝们十分通晓人物画的教化作用，人物画家在明代内廷里显示出十分特殊的历史作用。早在洪武年间（1368—1398），朱元璋命画工图写起家艰难、创业征伐之事。成祖朱棣曾于设御榻的文华殿之西室"命工绘《汉文止辇受谏图》悬之左，《唐太宗纳魏徵十思图》悬之右" ❶。宣宗、孝宗等朝，朝廷求贤若渴，人物画的取材，常常描写三国或北宋"圣主贤臣"的故事，如倪端的《聘庞图》轴、商喜的《关羽擒将图》轴、刘俊的《雪夜访普图》轴等，其主题的选择，饱含着借古喻今的政治意义。

2. 完成帝后肖像画。描写皇帝生活及肖像，如商喜的《明宣宗行乐图》、无名氏的《明宣宗宫中行乐图》《明宣宗射猎图》等。还有沈希远、陈远、孙文宗等皆以图写御容受到赏赐。

3. 完成与内廷相关的宗教绘画。宫廷的人物画家要奉旨为寺观精绘宗教题材的壁画。明代景泰年间（1450—1457）与成化年间（1465—1487）以后，僧寺大增。在成化年间，京城内外的官立寺观已多达六七百座。其中不可缺少的是宗教壁画。宫廷画家上官伯达、戴进、商喜等分别在都城的报恩寺、慈仁寺、永安寺等画过壁画。❶的确如此，商喜的巨幅大轴《关羽擒将图》，全然是壁画的风格，主体突出，人物形象十分鲜明。又如太监李福善在京郊集资兴建的法海寺，其中的壁画就是出于宫廷画士官宛福清、王恕和张平、王义、顾行、李原、潘福、徐福等十五位画士之手。❷宫廷人物画家还要为内府绘制纸绢本的神仙佛道故事，如刘俊的《刘海戏蟾图》轴（石家庄市文物管理委员会藏）、李在的《琴高乘鲤图》轴（上海博物馆藏）等。

4. 完成锦衣卫等特务机构的密差。明代社会的阶级矛盾十分尖锐，农民起义的频率和规模是中国历史上的巅峰，形成规模的就有一百多次。民间起事之前，起义首领总要利用宗教绘画和相关图籍制造舆论，如"成化年间，因擒获妖人，追其妖书图本，备录其名目，榜示天下，以晓谕愚民"。这类具有鼓动反叛和造反的图画有《九龙战神江图》《天空知贤变愚神图》《换天图》《周天烈火图》等。❸如果是朝廷侦办此类案子，对这些图画的辨识和定性，锦衣卫的人物画家们不可能无所作为。

历代帝王在借用绘画作军情机要之用时，必定要敕御用画家从命。如北宋末翰林图画院画家、画学正陈尧臣以水部员外郎和尚书之名携带两位学生赴辽国，窃绘辽国地形图和天祚帝像，促使宋徽宗决意收复燕云。❹明太祖朱元璋承此衣钵，在元至正二十六年（1366）平定张士诚的战争之前，"太祖命图淮东山川地形要害以进，览之，见瓠子角为兴化要地，令达以兵掩其险隘，至是遂取之，淮地悉平"❺。立国后次年，即洪武二年（1369），太祖欲伐夏政权的明升，恰巧，"太祖命侍御史蔡哲报聘，因携一史同往，潜绘其山川险易"❻。当时锦衣卫尚未有画家，所用画家系文职中的"史"，固然是宫里的擅画之人。

唐宋以来，官府开始利用体貌特征来缉拿逃犯，官府在城门口及人员流动的中心处公开张贴"海捕文书"，即通缉令，上面除写有逃犯的姓名、年龄、籍贯和体貌特征外，往往还配有逃犯的画像，即"画影图形"，以便百姓辨识和官差缉拿。擅自撕毁画像者，斩首。当然，也不排除还有拿着画像进行秘捕的手段。

❶ 徐沁：《明画录》卷一载："近时高手，既不能擅场，而徒诡曰不屑，僧坊寺庑，尽污俗笔，无复可观者矣。南中报恩上官画廊、戴进殿壁久遭劫火，都门惟慈仁、永安，尚存刘澜、商喜之迹……"

❷ 北京法海寺《楞严经幢》。

❸ 余继登：《典故纪闻》卷十五，元明史料笔记丛刊本，中华书局，1981年，第266页。

❹ 王清明：《挥麈录》后录，卷四，《历代笔记丛刊》，上海书店出版社，2001年，第97—98页。据载，"宣和初，徽宗有意征辽，蔡元长、郑达夫不以为然，童贯初亦不敢领略。惟王黼、蔡攸忻顺赞成之。有谍者云：'天祚貌有亡国之三相。'班列中或言陈尧臣者，婺州人，善丹青，精人伦，登科为画学正。黼闻之甚喜，荐其人于上，令衔命以视之，擢水部员外郎，假尚书，以将使事。尧臣即挟画学生二员俱行，尽以道中所历形势向背，同绘天祚帝像以归。入对即云：'虏主望之不似人君，臣谨写其容以进。若以相法言之，亡在旦夕。幸速进兵。兼弱收昧，此其时也。'并图其山川险易以上。上大喜，即擢尧臣右司谏，赐予钜万。燕云之役遂决"。

❺ 高凤鸣：《今献汇言》（八），吴宽《平吴录》，上海商务印书馆影印本，民国二十六年，第13页。

❻ 高凤鸣：《今献汇言》（八），黄标《平复录》，上海商务印书馆影印本，民国二十六年，第6页。

锦衣卫缉捕或跟踪的不是鸡鸣狗盗之徒，而是皇帝钦点的国家要犯或重大嫌犯，解决画像问题最便捷的办法，客观上应该是动用锦衣卫的人物画家，从常理上说，不太可能诏令在野画家。如果画家没有见过捕捉对象，可以根据他人的口述，依照人物脸谱化的造型程式图之。当然，画家在这类肖像画上是决不会署名的，明清文人的笔记也不屑于记述此类事端。所以，目前难以找到有关锦衣卫画家为捕捉重犯画肖像的直接史料。不过，宫廷人物画家仅仅完成上文所陈述的前三项差役，是不可能解决皇帝的心头之患而建立奇勋的，恐难以获得殊荣，这是他们的通行职责。只有最后一项职责，即鉴别有无鼓动造反因素的民间绘画和为捉拿国家要犯而"画影图形"等，是锦衣卫人物画家建立奇勋最重要的机会。

依据官职附表而论，宫廷花鸟画家获得三品者较少，有幸者皆是从业于工笔花鸟画者，没有写意画家之席。而画粗笔写意的林良有此殊荣，抑或与他早年在广州时曾学会画人物密切相关："知府何寅善人物，皆乡先生也，良每学之……" ❶ 林良在锦衣卫供职之初，如果不利用他兼擅画人物的特长为朝廷提供特殊的服务并建立奇勋，是很难得到宪宗和孝宗的青睐的，其中的秘密恐怕深埋在锦衣卫这个极其特殊的皇家刑侦机构里了。特别是在宪宗朝（1465—1487），朱见深不上朝理政，宦官、外戚趁机当政，大兴冤狱，在全国范围内实行特务政治，宦官汪直建西厂，利用锦衣卫剪除异己，使得社会矛盾日益激化。直到孝宗朝（1488—1505），朱祐樘驱除奸佞，任用贤臣，这种局面才得到缓解。在这个宫廷内外矛盾斗争异常激烈的时期，包括林良在内的锦衣卫擅长画人物的画家们是不会无所事事的。

后人对林良的评价及其艺术影响

明代黄佐从横向比较林良在内府画坛的地位："刘鉴以松，钟雪舫以春草，陈瑞以驴，后有何浩，亦以松著，皆不及良名之盛云。" ❷ 在当时，已经流传着一句俗语："林良翎毛夏㫤竹，岳正葡萄计礼菊。" ❸ 可见其影响之大。清代张庚把林良的艺术成就置于花鸟画的发展历史中来进行纵向比较："花鸟有三派，一为勾染，一为没骨，一为写意……其写意一派宋时已有之，然不知始自何人。至明林良独擅其胜。" ❹ 后人认为，与吕纪相比，林良系天然巧成者："林以善花卉，意胜其工。吕之翎毛，工胜其意。意者不求工而工

❶ 黄佐：《广东通志》卷七十《杂事下·补遗·颜主事画》，嘉靖二十九年刻本。

❷ 黄佐：《广州府志》卷五十九，嘉靖本。

❸ 彭蕴灿：《历代画史汇传》，《中国书画全书》（十一），上海书画出版社，1997年，第347页。

❹ 张庚：《国朝画征录》，《中国书画全书》（十），上海书画出版社，1996年，第441页。

见，林非故为其易；工者不取意而意足，吕乃实为其难。难有三：意象也、色
泽也、精神也。不于此求之，则体貌重同可哂矣。" ❶ 可见后人时将林良置于
吕纪之上的，清人甚至认为"林良芦雁即古人亦不能及" ❷。在文人画至上的
时代，林良在死后三百多年的清中叶有如此艺声，这是十分难得的，没有一定
的艺术影响是难以企及的，毕竟这是在清代盛行董其昌贬扼明代院体浙派时所
发出的不同凡响。从清末至民国，由于岭南画派的崛起，作为"粤画之祖"的
林良理所当然地渐渐受到了画界的重视……

　　根据当今藏有林良绘画的博物馆所在城市，可以粗略地勾画出林良早年
在广州任奏差小史时奔波于京粤两地的路线图，也是林良入宫之后，遇有探家
之事时的往返之途。今广州、汕头、温州、杭州、上海、南京、济南、烟台、
天津、北京等地的博物馆里都有林良的画迹，❸ 极可能是画家当年途经这些城
市所留下的作品，即便是赝品，也是在林良的画风影响之下产生的。吕纪也是
如此，这位四明（今浙江宁波）画家往返于京甬的路途比林良少了近一半，杭
州以南的博物馆很少有吕纪的画迹，只在杭州、苏州、无锡、郓城、济南、天
津、北京分别藏有吕纪的作品，再次证明了画家的行踪与作品的流向具有相当
大的一致性。

　　这条京粤路线（图三十九）中最重要的一段是苏南到浙北一线，这既是
林良的艺术给养线，又是林良艺术的影响线。从南京经苏州、杭州到会稽（今
浙江绍兴）都是他往返京粤的必经之地，如他给会稽的文人画家陈宪章作图，
想必是他途经那里时的交酬活动。❹ 林良的传人有南京人氏殷善、余姚人氏邵
节、常熟人氏瞿杲、会稽人氏刘巢云、浙江人氏韩旭、临海人氏王乾等在野画
家，特别是唐寅、周之冕、徐渭等名士均生活在林良必经之途的都市里，如徐
渭就颇为欣赏林良的画作，曾在《王鹅亭雁图》上赋诗道："本朝花鸟谁高
格，林良者仲吕纪伯。" ❺ 从他们的活动地域来看，与林良往返京粤路过江浙
时所进行的绘画传播不无关系，在他们的花鸟画笔墨里，不难发现林良的笔墨
基因。同样，院体浙派、吴门文人画等艺术流派的笔墨和审美趣味也滋补了明
代粤画的精神。

　　林良对画坛影响最大的地域诚然是广东沿海，尤其是在广州。他晚年的荣
耀足以激励故里的画坛后辈追崇其艺，岭南的明末画家张穆、伍瑞隆、赵廷璧
等和近代的居廉、高剑父等都受到林良的绘画题材和艺术风格影响。

　　值得注意的是，林良的花鸟画有二十多件藏在日本，几乎是占当今世上林
良传世作品的四分之一，其中有一些是从浙江经宁波出口到室町时代（1336—
1573）的日本，当时在杭州和宁波活动的日僧较多，他们中间的画僧通过研

❶　梁廷枏：《藤花亭书画
跋》卷四，《中国书画全书》
（十一），上海书画出版社，
1997年，第1050页。

❷　卞永誉：《式古堂书画汇
考》画卷之一，《中国书画全
书》（六），上海书画出版社，
1994年，第755页。

❸　20世纪上半叶因抗日战争
的缘故，林良的一些作品流
散到他未曾去过的地方，如重
庆、西安、长春、台北等地。

❹　汪兆镛：《岭南画征略》卷
一，1928年铅印本。

❺　《御定历代题画诗》卷
九十五，《中国书画全书》
（九），上海书画出版社，
1996年，第649页。

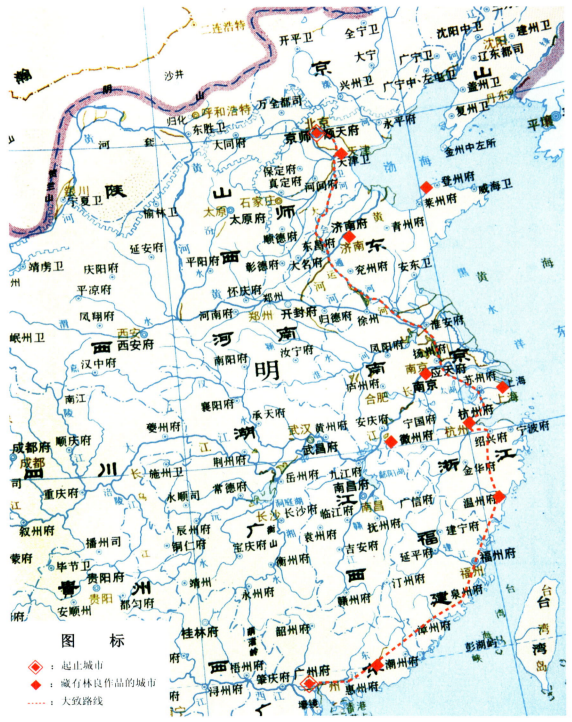

图三十九　林良往返京粤路线图（资料来自谭其骧主编《中国历史地图集》第七册／中国地图出版社／1982年／第40—43页之《明时期全图》）

习浙派的山水和花鸟来满足追寻南宋水墨画的愿望。如传为雪舟等杨（1420—1506）的《四季花卉》屏风（日本京都国立博物馆藏）的确有善东派的粗重方硬的笔法，在此后日本画坛发生新变的狩野画派依旧从林良、吕纪的笔墨里汲取生命养分，如狩野正信（1434—1530）、狩野元信（1476—1559）等的水墨花鸟画均是如此，特别是林良擅长画大幅画的功力在日本得到了新的艺术延展，演化为单面大屏风和折叠屏风。直到江户时代（1603—1868）的圆山四条派也继续从林良粗犷的笔墨里获得新的发展技能，他们在淡墨里表现出更富有层次的韵味，特别是圆山应举（1733—1795）最著名的《雪松图》轴（日本东京国立博物馆藏），不难看出与善东派的血缘关系，乃至当时琉球国的水墨画也间接地受到林良的艺术熏染。明清时期，介于中国和日本之间的朝鲜在李朝（1392—1910）的17、18世纪，同样将林良的水墨写意花鸟画奉为画坛正宗，如郑敾就深受林良水墨花鸟画的影响。

由此可以说，林良的绘画在16世纪至18世纪的东亚渐渐获得了具有"国际影响力"的艺术地位。

广东绘画自从在明代形成阵势起，就打破了南疆一带艺术闭塞的格局。笔者以为，林良既走出了南粤，又带回了艺术新创，他在广东起到"粤画之祖"的历史作用。此后的南粤画坛，以开放的心态和豪放的笔墨汲取、消化来自各地的艺术精粹，甚至是来自域外的绘画艺术。可以说，林良的深远影响是他的绘画胆识和笔墨创意，对广东明清乃至民国初年水墨、设色写意花鸟画发挥了十分重要的垂范作用。有鉴于此，其作分别在明清文人和艺匠中产生了重要的影响，这种影响不仅在广东，而且从内廷扩展到江南。粤画的特性也就在于其绘画观念的开放性和创新性、绘画风格的多样化和丰富化，这在明末至清代西风东渐时，则显得更为突出和鲜明。

林良给后人留下的是一种笔墨精神，这种影响渗透到后世画家们的艺术追求上，其效应变成了遗传给后人的水墨写意花鸟画的笔墨基因，由此迸发出的艺术感染力恰如明代李梦阳的《林良画两角鹰歌》所云：

> 百余年来画禽鸟，后有吕纪前边昭。
> 二子工似不工意，晚笔决眦分毫毛。
> 林良写鸟只用墨，开缣半扫风云黑。
> 水禽陆禽各臻妙，挂出满堂皆动色。
> ……❶

❶ 《御定历代题画诗》卷九十四，《中国书画全书》（九），上海书画出版社，1996年，第641页。

结　语

　　林良的意笔花鸟画是明代绘画独特的艺术现象，属于粤文化的艺术表现形式之一，虽然他的艺术根基在广东，但它的根须蔓长、给养丰富，这正是粤文化的基本特性。

　　唐代的长安绘画、北宋的中原绘画、南宋的院体绘画、元代的"元四家"绘画和明代的浙派绘画等既有地域特性，又有一定的正统性。广东绘画自有不同，由于自魏晋南北朝以来客家文化的不断涌入，它是其他地方文化汇集在广东的基础上形成的。明代粤画的文化起点较高，在绘画上，最先接受南宋的宫廷绘画的影响，后迎来了元代江南文人画的洗礼，形成了颜宗、林良等具有官宦文化特性和文人画特质并兼有艺匠功底的绘画，缩短了绘画发展初期漫长和单一的工匠阶段。

　　对林良的研究，应当从粤文化的视角和高度来分析林良艺术的形成，林良的花鸟画是粤文化的产物，它以粤文化特有的吸收和消化能力在宫廷融汇了明代官宦艺术的强悍、文人画的笔墨意趣和艺匠文化的功力以及宫廷的审美时尚。林良是明代广东较早供奉在朝廷的职业画家，他所汲取的艺术养分除了其师颜宗、何寅、边景昭之外，一直上溯到宋代马远家族数代宫廷画家和梁楷、法常等富有开拓性的写意画艺术，他的绘画属于文人画的边缘，要将他的作品与善东派和早期粤画的形成紧密地联系起来看：范暹、孙隆、林良、吕纪等人在宫中形成的长达近百年的宫廷写意花鸟画流派。林良的绘画语言介于艺匠画和文人画之间，笔者称之为"亚文人画"。长期以来，像这样的"亚文人画"是艺术史研究的半盲区。

图版

双雉图

轴　绢本设色
155 cm×92.6 cm

北京故宫博物院藏

芦雁图

轴　绢本水墨

138 cm×69.8 cm

北京故宫博物院藏

雪景鹰雁图

轴 绢本水墨
299 cm × 180 cm

北京故宫博物院藏

雪景双雉图

轴　绢本设色

131 cm × 58 cm

北京故宫博物院藏

孔雀图

轴　绢本水墨
155.3 cm × 78 cm

北京故宫博物院藏

秋树聚禽图

轴 绢本设色
152.5 cm × 77 cm

广州艺术博物院藏

双鹰图

轴　绢本设色
166 cm×100 cm

广东省博物馆藏

松鹤图

轴　绢本设色
174 cm × 84.5 cm

广东省博物馆藏

双鹰图

轴　绢本水墨
129.4 cm × 75.9 cm

浙江省博物馆藏

孝友图

轴　绢本水墨
169.5 cm×102.5 cm

香港艺术馆虚白斋藏

松鹤图

轴　绢本设色

148.3 cm × 72.4 cm

广西壮族自治区博物馆藏

秋鹰图

轴　绢本水墨
136.8 cm × 74.8 cm

台北故宫博物院藏

凤凰图

轴　绢本设色
164.5 cm × 96.5 cm

日本京都相国寺藏

喜鹊古松图

轴 绢本水墨
147.3 cm × 74.8 cm

香港中文大学文物馆藏

双鹰图

轴　纸本水墨

130.2 cm × 74.5 cm

香港中文大学文物馆藏

残荷芦雁图

轴　绢本设色
173 cm×104 cm

济南市博物馆藏

山茶白羽图

轴　绢本设色
152.3 cm×77.2 cm

上海博物馆藏

松鶴图

轴　绢本设色
147.7 cm × 75.1 cm

上海博物馆藏

枯木寒鸦图

轴　纸本水墨
128.8 cm × 32.5 cm

上海博物馆藏

雁鵲圖

轴　绢本设色
126 cm × 75.2 cm

上海博物馆藏

喜鹊芦雁图

轴　绢本水墨
134.5 cm×75 cm

竹禽图

轴　绢本水墨
164.1 cm × 81.6 cm

上海博物馆藏

芦雁图之一

轴　绢本设色
150.5 cm × 75 cm

私人藏

芦雁图之二

轴　绢本设色
150.5 cm × 75 cm

私人藏

平安双喜图

轴　绢本设色

76.9 cm×32.9 cm

台北故宫博物院藏

秋坡集禽图

轴　绢本设色

155.4 cm × 82.3 cm

南京博物院藏

恚機神奔會筆墨到處皆奪化工雖其天資超妙抑亦

學問精深堂著世之逐之者而徒託騄驥其万一宜吾

聞石視為隋珠卞璧不輕示人彼按劍者烏從相向耶余元宰

得一觀不可要一言以志心賞是作短引以歸之

蕉谷鈍夫元沿漫題

畫家寫物自古兩難以黃筌之畫鳥也然然領

足皆展戴嵩之圖牛也竟至掉尾而閱此册

華墨之不精乃觀物之未審耳

閩石年翁所藏林君畫卷禾翕鳥變態生動

毫髮各有遠藏而奇妙益不可測信乎度

越前人矢披覽之下恍然百鳥鳴然羽彩鮮

映閩石年翁日抹畫琴與俱弦身具鳳德

而為之長者卯壬午春日金廷對跋

柳下忽来家間石攤々目惟對書冊偶開畫卷生せの
光こ余纪玩驚心鳥畫者為誰曰林良筆遊興縱與高
量草木花竹乱枝葉出港一氣々俄昂昂勢如風驟瀟湘
雨々點鷟飛沒張主風收雨歇静流親萬象一々清楚出
禽水禽半飛傅初睨細々摹全形眠其毛嘴動生態精分
向背通多靈分竹筒筥々嗷淯響盈我俗耳鮮翔翔意在
樓止闾和鳴聲在煙林外撥冲一片尋無端妙同斷輪与弄
九大娘劍器悟書勢歓此々助文波瀾讀書萬卷淘塵俗胸
中筆底如破竹技到入神在精熟邪夫学道如藝穀

辛己春日偶遇

闻石家弟寓齋語次出林心善先生四卷見示天真爛漫全不経

附录

林良关系人物系年

汪宗衍

1420年　永乐十八年
庚子

何寅应广东乡试，中举人（后官至知府）。

1423年　永乐二十一年
癸卯

颜宗应广东乡试，中举人。

1424年　永乐二十二年
甲辰

王偊生。

1426年　宣德元年
丙午

卞荣生。

林良约生于宣德初年。

1427年　宣德二年
丁未

萧镃成进士，需次于家。

1428年　宣德三年
戊申

陈献章生。

1433年　宣德八年
癸丑

朱瞻基命杨溥合选三科进士，拔二十八人为庶吉士，萧镃为首。

1436年　正统元年
丙辰

萧镃授编修。

1438年　正统三年
戊午

萧镃进侍读，久之，代李时勉为国子监祭酒。

1447年　正统十二年
丁卯

陈金会试成进士。

何淡应广东乡试中举人。

李东阳生（后有题林良画诗五首）。

1448年　正统十三年
戊辰

颜宗任福建邵武县知县。

1450年　景泰元年
庚午

萧镃以老疾辞国子监祭酒，六馆生乞留，许之。

1451年　景泰二年
辛未

颜宗升兵部车驾司主事。

王偁成进士，授编修。

十二月，萧镃以本官兼翰林学士，入直内阁。

1452年　景泰三年
壬申

萧镃进户部侍郎，兼官如故，寻进尚书。

1454年　景泰五年
甲戌

何经会试成进士。

颜宗，署兵部车驾司郎中（后奔母丧，归，卒于途）。

1455年　景泰六年
乙亥

陈金任广东布政使。时林良为布政使司奏差。

八月，萧镃有《题林良九思图》七古。

1457年　天顺元年
丁丑

何淡会试成进士。

陈金卸广东布政使。

萧镃削籍。

1461年　天顺五年
辛巳

天顺中，有"林良翎毛夏昹竹，岳正葡萄计礼菊"之语。

1464年　天顺八年
甲申

计礼成进士，选庶吉士。

萧镃卒。

1465年　成化元年
乙酉

何淡迁工部郎中。

王偁任南京翰林院学士。越三年，丁母忧。

1471年　成化七年
辛卯

王偁起为南京国子监祭酒。

1483年　成化十九年
癸卯

陈献章应诏入北京。

何经以平广西荔浦蛮功，由贵州布政使升右副都御史。抚治郧阳。

何淡累迁至贵州左参政。

1484年　成化二十年
甲辰

何经至北京入觐。林良日与何经剧饮赋诗，或日成诗百篇，结拜为兄弟。林良由是名益显。

何淡以母老屡疏乞养归，年才五十余。

1487 年　成化二十三年
丁未

陈献章六十生辰，林良绘图庆寿。

何经以疾乞休。

1488年　弘治元年
戊申

王偰任南京吏部尚书。

1493年　弘治六年
癸丑

顾清成进士。《为潘克承题林良芦雁》七古一首，有"乍见几欲呼鹰师，乃知此老笔不疲，市朝山林时见之"句，约本年后作。

1494年　弘治七年
甲寅

王偰致仕。

卞荣卒。

诏选天下画士。林良子林郊取第一，授锦衣卫镇抚，直武英殿。

1495年　弘治八年
乙卯

王偰卒。

何经卒。

1504年　弘治十七年
甲子

林郊致仕。

1507年　正德二年
丁卯

何淡约卒于本年。

明代擅画人物的宫廷画家官职表

姓名	擅长	供奉	官职	品级
谢 环	山水、人物	成祖	直仁智殿锦衣卫千户	五品
上官伯达	山水、人物	成祖	直仁智殿	八品
倪 端	山水、人物等	宣宗	直仁智殿	八品
商 喜	山水、人物等	宣宗	锦衣卫指挥	三品
周文靖	山水、人物等	宣宗	直仁智殿	八品
计 盛	人物	宣宗	直文华殿画士	八品
黄 济	人物	宣宗	直仁智殿锦衣卫镇抚	五品
朱 佐	人物	宣宗	供事画院	不详
周 全	人物、鞍马	宣宗	锦衣卫都指挥	三品
李 在	山水、人物	宣宗	待诏直仁智殿	九品
石 锐	山水、人物	宣宗	待诏直仁智殿	九品
陈 瑞	山水、人物等	英宗	锦衣卫千户、镇抚	五品
吴 伟	山水、人物等	宪宗	镇抚，一作锦衣卫百户	五品
王世昌	山水、人物	宪宗	武英殿镇抚	五品
林 良	花鸟、人物	孝宗	锦衣卫指挥	三品
吕 纪	山水、人物等	孝宗	锦衣卫指挥	三品
吕文英	人物	孝宗	指挥同知直秘殿	三品
张 玘	人物、杂画等	孝宗	供事画院官锦衣	不详
刘 俊	人物、山水	孝宗	锦衣卫都指挥	三品
朱 端	山水、人物	武宗	直仁智殿授指挥	三品
侯 钺	人物	世宗	官金都御史巡抚大同	四品
吴 彬	人物	神宗	中书舍人	七品
孟思贤	人物	神宗	锦衣卫千户	五品
沈应山	山水、人物等	神宗	画院秘丞	八品

明代宫廷非人物画家官职表

姓名	擅长	供奉	官职	品级
边文进	花鸟	成祖	武英殿待诏	九品
边楚芳	花鸟	成祖	锦衣卫	不详
范暹	花鸟	成祖	入画院	不详
茹洪	竹木	成祖	寿光丞	八品
韩秀实	马	成祖	供事内殿	不详
郭纯	山水	宣宗	锦衣卫镇抚	五品
郑时敏	山水	宣宗	锦衣卫镇抚	五品
马轼	山水	宣宗	刻漏博士	七品
缪辅	鱼藻	宣宗	武英殿锦衣卫镇抚	五品
王臣	竹	宣宗	直仁智殿文思院副使	从五品
许明伯	花鸟	宪宗	文思院副使	从五品
林时詹	山水	宪宗	直仁智殿文思院副使	从五品
郑石	花鸟	宪宗	锦衣卫百户	六品
张乾	山水	宪宗	给事仁智殿	七品
沈政	花鸟	宪宗	供事仁智殿	不详
王谔	山水	宪宗	锦衣卫千户	五品
钟礼	山水	宪宗	直仁智殿	八品
殷偕	花鸟	宪宗	锦衣卫都指挥	三品
周轩	鱼藻	孝宗	工部文思院副使	从五品
陈铎	山水	武宗	袭官指挥	三品
曾和	山水	武宗	直仁智殿	八品
刘晋	鱼藻	世宗	锦衣卫指挥	三品
张广	花卉	世宗	待诏内廷	九品
张一奇	翎毛、山水	世宗	锦衣卫千户	五品
文震亨	山水	熹宗	中书舍人给事武英殿	五品

林良存世作品知见录

序号	作品名称	形式/数量	质地颜色	尺寸（厘米）	藏所
01	双鹰图	轴	纸本水墨	130.2×74.5	香港中文大学文物馆
02	喜鹊古松图	轴	绢本水墨	147.3×74.8	香港中文大学文物馆
03	孝友图	轴	绢本水墨	169.5×102.5	香港艺术馆虚白斋
04	白头翁图	轴	绢本水墨	126×52	澳门崔德祺
05	鹰攫图	轴	绢本淡色	155×75.8	澳门贾梅士博物院❶
06	孔雀图	轴	绢本水墨	138.5×72	澳门贾梅士博物院
07	芦岸水禽图	轴	绢本淡色	177×107.8	澳门贾梅士博物院
08	雪鹰图	轴	绢本水墨	147×76.5	澳门贾梅士博物院
09	柳塘翠羽图	轴	绢本设色	155.5×96	广东省博物馆
10	雪庐寒雁图	轴	绢本水墨	147.5×79	广东省博物馆
11	松鹤图	轴	绢本设色	174×84.5	广东省博物馆
12	双鹰图	轴	绢本设色	166×100	广东省博物馆
13	枯木寒鸦图	轴	纸本水墨	137×48.5	广东省博物馆
14	秋树聚禽图	轴	绢本设色	152.5×77	广州艺术博物院
15	喜鹊芦雁图	轴	绢本水墨	134.5×75	汕头市博物馆
16	竹雏图	轴	绢本设色	177.7×103.5	温州博物馆
17	双鹰图	轴	绢本水墨	129.4×75.9	浙江省博物馆
18	松鹤图	轴	绢本设色	147.7×75.1	上海博物馆
19	竹禽图	轴	绢本水墨	164.1×81.6	上海博物馆
20	雁鹊图	轴	绢本设色	126×75.2	上海博物馆
21	山茶白羽图	轴	绢本设色	152.3×77.2	上海博物馆
22	枯木寒鸦图	轴	纸本水墨	128.8×32.5	上海博物馆
23	松鹤图	轴	绢本设色	148.3×72.4	广西壮族自治区博物馆
24	双鸟嘉树图	轴	纸本水墨	118.3×27.8	私人
25	秋坡集禽图	轴	绢本设色	155.4×82.3	南京博物院
26	古木苍鹰图	轴	纸本水墨	140×56	南京市博物馆
27	月下芦雀图	轴	绢本设色	85×72	南京市博物馆
28	雁雀图	轴	绢本水墨	164.3×99.5	山东博物馆
29	残荷芦雁图	轴	绢本设色	173×104	济南市博物馆
30	雪景芦雁图	轴	绢本设色	193×119	烟台市博物馆
31	松梅寒雀图	轴	绢本设色	100×45	天津博物馆
32	荷塘集禽图	轴	绢本设色	152.7×65.5	天津博物馆

（续表）

序号	作品名称	形式/数量	质地颜色	尺寸（厘米）	藏所
33	芦雁图	轴	绢本设色	135×78	天津市文物公司
34	雪景双雉图	轴	绢本设色	131×58	北京故宫博物院
35	双雉图	轴	绢本设色	155×92.6	北京故宫博物院
36	孔雀图	轴	绢本水墨	155.3×78	北京故宫博物院
37	芦雁图	轴	绢本水墨	138×69.8	北京故宫博物院
38	灌木集禽图	卷	纸本淡色	34×1211.2	北京故宫博物院
39	雪景鹰雁图	轴	绢本水墨	299×180	北京故宫博物院
40	松鹤图	轴	绢本水墨	157×83	首都博物馆
41	孔雀图	轴	绢本水墨	140.4×71.6	北京炎黄艺术馆
42	秋鹰图	轴	绢本水墨	136.8×74.8	台北故宫博物院
43	双鹰图	轴	绢本淡色	133.4×50.5	台北故宫博物院
44	平安双喜图	轴	绢本设色	76.9×32.9	台北故宫博物院
45	古木寒鸦图	轴	绢本水墨	141×90	中央美术学院
46	花鸟屏	四条屏	绢本水墨	161.2×113.5	安徽歙县博物馆
47	雪梅四喜图	轴	纸本水墨	167×98	沈阳故宫博物院
48	禽鸟图	卷	绢本设色	38×906	吉林省博物院
49	鱼鸟清缘图	轴	绢本设色	123×72	重庆中国三峡博物馆
50	双鹰图	轴	绢本水墨	153.5×83	西安市文物管理委员会
51	芦雁图	轴	绢本水墨	144×70	美国王己千旧藏
52	木鸟图	页	纸本水墨	29.8×31	日本东京国立博物馆
53	枯木双鸶图	轴	绢本水墨	141.3×78.8	松井文库
54	双鹤图	轴	绢本淡色	133.9×74.2	日本冲绳县立博物馆
55	凤凰图	轴	绢本设色	164.5×96.5	日本京都相国寺
56	花鸟图	三幅	绢本水墨	134×80.3	日本圣福寺
57	花鸟图	对幅	绢本水墨	114×58	日本大安寺
58	花鸟图	轴	绢本淡色	159.8×83.5	日本柳孝
59	古木雁图	轴	绢本水墨	144.5×76.2	日本柳孝
60	鸭图	轴	绢本水墨	166.5×97	日本柳孝
61	花鸟图	轴	绢本水墨	165.8×96.7	日本私家
62	莲鹭·梅鸟图	对幅	绢本设色	148.5×70.6	日本私家
63	赤鹰白兔图	轴	绢本设色	83×40.9	日本石坂道雄
64	花鸟图	轴	绢本淡色	164.4×102.3	日本江田勇二
65	花鸟图	轴	绢本淡色	尺寸不详	日本组田昌平
66	芦边双鹅图	轴	绢本水墨	147×75	日本桥本大乙
67	柳塘游鸭图	轴	绢本淡色	140×97	日本桥本大乙

（续表）

序号	作品名称	形式/数量	质地颜色	尺寸（厘米）	藏所
68	鹰雉子图	横轴	绢本水墨	59.1×78.3	日本太田喜
69	花鸟图	轴	绢本设色	103.4×47.4	日本喜多野花枝
70	百鸟图	卷	纸本淡色	34.6×？（横失记）	日本中埜又左卫门
71	群鹅图	轴	绢本水墨	139×80.5	日本东京伦敦画廊
72	柳塘游鸭图	轴	绢本水墨	141.7×80	日本桥本末吉
73	孔雀图	轴	绢本水墨	154×107	美国克利夫兰美术馆
74	水墨花鸟图	轴	绢本水墨	161.1×85.5	美国Elliott家族
75	花鸟图	轴	绢本淡色	163.3×85.6	美国普林斯顿大学博物馆
76	芦雁图	轴	绢本淡色	157×88.4	美国纽约大都会博物馆
77	双鹰图	轴	绢本水墨	174.2×99.8	美国旧金山亚洲艺术博物馆
78	芦雁图	轴	绢本淡色	139.4×80.9	美国景元斋旧藏
79	鹰图	轴	绢本淡色	98.1×47	美国景元斋旧藏
80	溪边鹅鹏图	轴	绢本水墨	146×63	美国王己千旧藏
81	鸦柳鹤图	轴	绢本水墨	139.7×76	大英博物馆
82	芦雁图	轴	绢本水墨	167.3×102.1	大英博物馆
83	芦雁图之一	轴	绢本设色	150.5×75	私人
84	芦雁图之二	轴	绢本设色	150.5×75	私人

（中国馆藏基本以沿京粤路线为序）

❶ 原澳门贾梅士博物院馆藏于1999年移入澳门艺术博物馆。

林良时代的绘画

序号	作品名称	作者	形式	质地颜色	尺寸（厘米）	藏所
01	湖山平远图	颜宗	卷	绢本设色	30.5×512	广东省博物馆
02	关山行旅图	戴进	轴	纸本设色	61.8×29.7	北京故宫博物院
03	墨松图	戴进	卷	纸本设色	29.4×148.2	北京故宫博物院
04	岁朝佳兆图	朱见深	轴	绢本设色	59.7×35.5	北京故宫博物院
05	芙蓉鹅图	孙隆	轴	绢本设色	159.3×84.1	北京故宫博物院
06	雪禽梅竹图	孙隆	轴	绢本设色	116.5×61.2	北京故宫博物院
07	残荷鹰鹭图	吕纪	轴	绢本水墨	190×105.2	北京故宫博物院
08	鹰鹊图	吕纪	轴	纸本设色	120.7×61.5	北京故宫博物院
09	双鹰图	王乾	轴	纸本水墨	172.3×104.4	北京故宫博物院

参考资料

1. 黄佐. 广东通志. 嘉靖二十九年刻本.

2. 黄佐. 广州人物传. 丛书集成初编本. 北京：中华书局.

3. 余继登. 典故纪闻. 元明史料笔记丛刊本. 北京：中华书局，1981.

4. 徐沁. 明画录. 画史丛书（三）. 上海：上海人民美术出版社，1986.

5. 李国祥. 明实录类纂·人物传记卷. 武汉：武汉出版社，1990.

6. 故宫博物院. 明代宫廷与浙派绘画选集. 北京：文物出版社，1983.

7. 穆益勤. 明代院体浙派史料. 上海：上海人民美术出版社，1985.

8. 单国强. 中国巨匠美术丛书·林良. 北京：文物出版社，1998.

9. 秋山光和. 日本绘画史. 常任侠，袁音，译. 北京：人民美术出版社，1978.

10. 王伯敏. 中国绘画通史. 北京：生活·读书·新知三联书店，2000.

11. 中国古代书画鉴定组. 中国古代书画图目·索引. 北京：文物出版社，2001.

12. 天津人民美术出版社. 林良吕纪画集. 天津：天津人民美术出版社，1997.

13. 林良中国画选集. 广州：岭南美术出版社，1985.

14. 海外藏中国历代名画编辑委员会. 海外藏中国历代名画第五卷，明（上）. 长沙：湖南美术出版社，1998.

15. 台北故宫博物院编辑委员会. 海外遗珍绘画. 台北：台北故宫博物院，1985.

16. 铃木敬. 中国绘画总合图录. 东京：东京大学出版会，1982.

17. 户田祯佑，小川裕充. 中国绘画总合图录·续篇. 东京：东京大学出版会，1998.

后记

——余辉

林良由于在明代宫廷花鸟画中有着独特地位，因此在艺术史教科书中占据了重要的位置，但我们对林良的研究程度还远远不及对明代文人画的研究。目前，研究林良的工作依旧处于起始阶段。具有突破性学术进展的是：20世纪80年代国家文物鉴定小组对各地博物馆所藏林良作品进行了鉴定，刊印在文物出版社出版的《中国古代书画图目》里；1985年，由穆益勤先生编撰、上海人民美术出版社出版的《明代院体浙派史料》对林良的史料进行了初步整理；1998年，单国强先生编撰的《中国巨匠美术丛书·林良》在文物出版社出版。以上均推动了我们对林良的认识和研究。此外，聂崇正先生曾撰文指出南宋小朝廷在广东覆灭与百年后这里涌现的明代宫廷画家有着必然联系，探索出林良的艺术前源，这对于研究粤文化的形成有着积极的意义。

本书对林良的探索仅仅是新的继续：从文化类型的角度对林良进行宏观定位、微观探究，均是笔者近些年对林良其人其画的点滴感悟，有幸得到广东省博物馆研究馆员朱万章先生的引荐，借广东人文艺术研究会的征稿良缘和岭南美术出版社的出版良机，求教于海内外诸位方家。

2009年11月于北京故宫博物院城隍庙南